세상을 바꾸는 힘

민주주의 이야기

세 상 을 바 꾸 는 힘

민주
주의
이야기

제임스 랙서 지음 | 김영희 옮김

≪행성B온다

추천의 글

앞으로의 민주주의를 위하여

유시민 前 보건복지부 장관

〈학생의 교양〉 시리즈는 민주주의가 무엇이며, 주권자인 시민들이 민주주의를 제대로 발전시키기 위해 무엇을 해야 하는지 이해할 수 있도록 돕는 정치·사회 교양서이다. 첫 권《세상을 바꾸는 힘, 민주주의 이야기》는 17~19세기를 거치며 형태를 갖춘 근대 시민민주주의의 역사와 성과, 문제점과 한계를 짚어보고 미래를 전망하는 책이다. 저자가 캐나다 학자라 미국 민주주의뿐만 아니라 우리가 잘 모르는 캐나다 사례를 소상히 다룬 점이 상대적 강점이다. 또 저자의 시선이 자유주의에 별로 관대하지 않으면서도 소비에트 체제에 대해서는 매우 비판적인 것도 흥미롭게 느껴진다.

이 책은 20세기 민주주의 역사의 주요 제도와 쟁점을 잘 정리해놓았다. 그중에서 내가 자주 인용하던 소로의 〈시민불복종〉과

'독일식 비례대표제'를 쉽게 설명한 대목이 특히 반가웠다. 개인과 국가의 관계에 대한 철학적 성찰에서부터 다수결 원리와 소수의견 존중 원칙이 공존할 수 있는 제도 모색까지, 저자의 견해를 따라가다 보면 결국 민주주의는 단순한 제도의 집합이 아니라 하나의 문화현상이라는 결론에 이르게 된다. 결국 모든 사람이 저마다의 목적으로 존중받는 사회로 가는 것이 민주주의의 지향점이 아닐까 싶다.

　민주주의는 최선의 정치제도인가? 그렇게 말하기는 어렵다. 그러나 이것 말고 우리에게 무엇이 있는가? 역시 대답하기 어렵다. 민주주의는 최선의 결과를 보장하는 제도라기보다는 누가 권력을 장악하든 악을 저지르기 어렵게 만드는 제도에 가깝다. 인류는 앞으로도 이 제도 속에서 끊임없이 개선을 도모하며 살아야 할 것이다.

　이 책은 민주주의 정치역사를 압축해서 읽는 즐거움과 함께, 불완전하지만 결코 버릴 수 없는 민주주의 정치제도에 대해 더 고민할 기회를 준다. 이 한 권의 책이 민주주의가 무엇인지 완전하게 해명해주기를 바랄 수는 없다. 저자가 말하는 대안이나 해법이 읽는 사람의 생각과 꼭 같지도 않을 것이다. 그러나 독자들이 평소 가졌던 민주주의에 대한 생각을 비판적으로 되짚어보는 계기가 되기에는 충분하리라 본다.

차 례

7장

멈추지 않는 민주주의를 위하여

1장

지금, 왜 민주주의에 대해 생각해야 할까

◇·◇·◇·◇·◇·◇·◇·◇·◇·◇

경제적 불평등의 확산은
민주주의를 위협하는 가장 강력한 적이다.
그리고 오늘날 선진국에서 목격되는
민주주의 위기는 갈수록 심각해지고 있다.

◇·◇·◇·◇·◇·◇·◇·◇·◇·◇

대의 민주주의가 가진 한계

서구 사회의 시민들은 자신들이 민주주의 국가에서 살고 있다고 생각한다. 중앙 정부나 지방 정부와 같이 권력을 행사하는 사람을 직접 선출할 수 있는 투표권을 갖고 있기 때문이다. 또한 당대 중요한 사안에 대해 자기 소신을 자유롭게 말할 수 있고, 권력을 가진 사람과 의견이 다르더라도 보복을 당할까 봐 두려워하는 일 없이 정치 리더십에 대해 비판할 수 있다고 믿는다.

사람들이 민주주의에 대해 생각할 때 독재와 대비시키는 것은 어쩌면 당연하다. 독재란 일당 또는 일인 지도자가 권력을 독차지하는 통치 체제이기 때문이다. 이러한 통치 체제에서는 여러 정당 간의 공정한 선거도 있을 수 없고, 권력을 차지한 당이나 지도자를 비판했다가는 경찰에 잡혀 투옥될 수도 있으며 심지어 암살이나 사형을 당할 수도 있다.

민주주의란 말은 '국민에 의한 통치'라는 뜻의 그리스어에서 유래했다. 그러나 민주주의 개념을 발전시킨 고대 그리스인들은 민주주의 제도 하에서 노예 제도를 인정했다. 시민은 모든 권리를 가지고 있는 반면, 노예는 짐 나르는 짐승처럼 다룰 수 있다고 생각한 것이다.

기원전 5세기 도시 국가 아테네의 시민들은 직접 국사에 참여하고 정책을 결정했다. 그러나 이러한 권리는 18세 이상의 성인 남자들만 누릴 수 있었다. 노예와 여성, 그리고 아테네에서 살 수 있는 권리를 부여받은 외국인에게는 참정권이 없었다. 결국 아테네 민주주의에 참여했던 사람은 소수의 국민, 즉 성인 인구의 20퍼센트에 불과했다.

근대 민족국가의 민주주의는 거의 대부분 대의 민주주의 형태를 띤다. 다시 말해 근대 국가의 시민은 시, 주, 또는 지방, 연방, 중앙 등과 같은 다양한 단계의 정부에서 일할 공무원을 선출하고 선출된 공무원이 시민의 대표자 역할을 한다.

하지만 고대 아테네 민주주의는 직접 민주주의의 한 형태였기 때문에 모든 시민들이 1년에도 수차례 토론장에 모여 정책을 결정했다. 우선 아테네 민회는 도시 안에 있어서 참석할 수 있는 시민 모두가 모였는데, 1년에 열 번 열렸으며 그 외에도 필요할 때마다 추가로 모임을 개최했다. 주로 시민권 부여, 공직자 선출, 전쟁 참여나 법안 통과 여부 등과 관련된 중요 사안을 다루었으며 연사들이 나와 특정 제안에 대해 찬반 논쟁을 벌이고 난 후에 거수투표를 통해 결정했다. 수천 명의 시민들이 이런 모임에 참여했으며 때로는 정족수가 6천 명이 넘어야 결정이 가능한 사안도 있었다.

아테네의 핵심 통치 기구에는 민회 이외에 500인회가 있었다. 이 기구의 구성원은 매년 추첨을 통해 선출되었고 30세 이상의 시민들에게만 자격이 주어졌다. 또한 일생에 두 번 구성원으로 참여할 수 있었다. 500인회에서는 민회에서 논의할 법안을 마련했으며 경우에 따라서 민회의 법안을 시행하기도 했다.

사법 제도 또한 아테네 민주주의에서 중요한 역할을 담당했다. 배심원단은 최소 30세 이상의 시민 중에서 추첨을 통해 선출되었는데, 특정 개인에 대한 공소제기이든 민사소송이든 관련된 소송의 유형에 따라 배심원의 수는 다양했으며 재판관은 따로 없었다.

이런 고대 아테네 시민들에게 오늘날과 같은 민족국가의 민주주의는 매우 비민주적으로 보일 것이다. 넓은 지역에 뿔뿔이 흩어져 사는 수백만 명의 시민들이 상호 경쟁하는 정당의 후보자들 중에서 자신을 대표할 직업 정치인을 선출하는 게 가당키나 하겠는가? 어떻게 그런 정치인을 믿을 수 있단 말인가? 또 어떻게 그렇게 오랫동안 많은 권력을 그들에게 부여할 수 있단 말인가?

하지만 오늘날의 시각에서 볼 때 시민 모두에게 참정권이 있는 직접 민주주의는 소규모 도시 국가에서나 가능한 제도이다. 반면 고대 아테네 시민들의 시각에서 볼 때 대의 민주주의는 실질적인 법안 통과를 모두 직업 정치인에게 맡기고 시민에게는 단지 몇 년에 한 번씩 투표권만 부여하는 형태처럼 보일 것이다.

대의 민주주의의 이러한 문제점은 오늘날에도, 그리고 200여 년에 걸친 근대 민주주의 발전 과정에서도 수없이 제기되었다. 18세기 프랑스 사상가이자 《사회계약론과 담론The Social Contract and Discourses》을 쓴 장 자크 루소는 자신의 출생지인 제네바와 같은 규모의 도시가 민주주의를 실현하기에 매우 이상적인 인구를 가지고 있다고 믿었다. 그런 환경에서라면 루소가 선호했던 직접 민주주의가 번성할 수 있을 것이다.

민주주의 위기는 갈수록 심각해지고 있다

지난 20여 년에 걸쳐 급속도로 확산된 반세계화 운동의 지지자들은 현존하는 민족국가의 의사결정 과정이 매우 관료적이고 비민주적이라고 말한다. 또한 주요 강대국을 좌지우지하는 실질적 지배자는 다국적 기업이며 그들의 전략이 수많은 국가의 착취와 빈곤을 가져온다고 주장한다.

그래서 G8처럼 경제 강국 지도자들이 참석하는 정상회의나 국제통화기금IMF 혹은 세계은행WB 등의 회의를 반대하고 있다. 또 빈곤과 착취를 뿌리 뽑기 위해서는 새로운 세계 질서가 필요하며 진정한 민주주의 체제를 실현해야 한다고 외치고 있다. 이를 위해 대의 민주주의 이외에 지역화되고 분권화된 경제 체제를 도입해서 노동자들이 자신의 일터를 통제할 수 있어야 한다고 주장한다.

현대 민주주의의 본질적인 특징은 언론과 집회의 자유에 있으며 이는 법에 의한 통치, 공정하고 신속한 재판을 받을 권리, 자의적으로 구금을 당하지 않을 권리, 그리고 변호인의 조력을 받을 권리 등으로 확대 해석할 수 있다.

민주주의 국가의 근간을 이루는 이러한 기본 권리로 인해 국민은 성별, 인종, 종교, 성 지향성, 나이 등에 의해 차별받지 않을 것을 보장받는다. 물론 중요한 일을 결정할 때는 다수의 권리가 존중된다. 하지만 그렇다고 해서 소수를 차별하거나 박해해서는 안 된다는 것이다.

이처럼 민주주의가 다수의 사람들이 자신이 원하는 정부를 선택할 권리를 인정함과 동시에 소수의 권리도 존중하는 것이라면, 정부 정책에 반대하는 개인이나 집단의 권리에 대해서는 어떻게 생각해야 할 것인가? 또 개개인에게 자기 의견을 표현할 권리가 있고 이를 위해 생각이 같은 사람들과 결집할 권리가 있다면, 공정한 것에 관한 자기 의견을 알리기 위해 법을 따르지 않을 권리에 대해서는 어떻게 생각하는가?

민주주의 국가의 임금 및 봉급 생활자들은 자신들을 대표할 조합을 결성하고 고용주와 임금 인상이나 노동 조건 개선을 협상하기 위해 파업을 일으킬 권리가 있다. 또 시민들은 정부를 선택하고 공직에 출마할 권리, 권력자를 탄원하고 자기 의견을 알리기 위해 대규모 시위에 참여할 권리, 국가나 시장의 일부가 아닌 '시민 사회'의 일부로서 단체와 기관을 조직할 권리 등이 있다.

그러나 사회운동가, 노동조합원, 인권운동가, 정치사상가 등은 오늘날 민주주의가 매우 제한적인 것만을 추구한다고 비판한다. 그들이 볼 때 진정한 민주주의는 통치자를 선출할 권리와 같은 일련의 형식적인 제도를 넘어서서 경제적·사회적 정의 등을 추구해야 한다. 그런데 오늘날 민주주의는 사회적 평등을 확대하지 못함으로써 협의로 보았을 때조차 그 위상이 흔들리고 있다.

이러한 민주주의의 위기는 비단 개발도상국처럼 수많은 국민이 최저 생계비로 근근이 살아가는 국가에만 국한된 문제가 아니다. 선진국도 마찬가지로 전체 인구의 상당수가 빈곤에 허덕이고 있고 그들 중 대다수가 토착민, 이주민, 소수 인종, 여성, 아동 등이다. 어디 그뿐인가? 그들에게는 교육의 기회조차 골고루 돌아가지 않고 있다.

왜 선진국에서조차 민주주의가 위기에 직면한 것일까? 그 이유는 명백하다. 지난 수십 년 동안 빈부 격차가 전례 없이 심각한 수준에 도달했기 때문이다. 그와 동시에 국영기업의 민영화와 경제 활동의 규제 완화로 국가의 역할과 유권자의 역할이 크게 축소되었기 때문이다. 국가와 유권자의 역할 축소는 투표권이 있는 시민보다는 달러와 엔, 그리고 유로를 움켜쥔 거대 기업에 막강한 힘을 실어주는 계기가 되었다. 경제적 불평등의 확산은 민주주의를 위협하는 가장 강력한 적이다. 그리고 오늘날 선진국에서 목격되는 이러한 민주주의의 위기는 갈수록 심각해지고 있다.

정치적 민주주의와 경제적 민주주의는
양립할 수 없을까

민주주의 국가에서는 남녀 모두 정치 과정에 참여할 수 있고, 자유롭고 공정한 선거를 통해 통치자를 선출할 권리가 있다. 그러나 현실은 어떠한가? 투표권이 있는 성인이 자기 삶에서 정치에 참여하는 시간이 과연 얼마나 되겠는가 말이다. 그보다는 대부분의 시간과 열정을 직장에 쏟아붓고 있을 것이다.

그렇다면 민주주의의 근간이 되는 원칙들이 직장에서도 적용되고 있는가? 만일 그렇지 않다면 적용되어야 옳지 않을까? 지난 200여 년 동안 이 난제를 풀기 위해 이론가와 정치가, 그리고 노동조합원들이 골머리를 앓았다.

예를 들어 기업의 정책 결정 과정에 노동자가 참여해야 한다거나 참여를 통제해야 한다는 주장들이 제기되었으며 이러한 주장에 근간이 되는 원칙들은 정치적 민주주의의 토대가 되는 원칙들과 상당 부분 일맥상통한다. 하지만 총 노동 인구의 70퍼센트 정도를 사무실이나 공장, 병원, 건설현장 등에서 일하는 임금 및 봉급 생활자들이 차지하고 있음에도 불구하고 선진국에서조차도 이들의 대부분은 상급자의 지시에 따라 움직이며 자기 의견을 말하는 일은 극히 예외적이다. 회사나 경영진을 비판했다가 자칫 관리자의 귀에 들어가기라도 하면 해고되거나 엄중한 경고 조치를 받을 수 있기 때문이다.

사실 머나먼 원시 시대부터 현대에 이르기까지 인류는 경제적 민주주의는커녕 그와 비슷한 것조차 누려본 적이 없다. 여기서 경제적 민주주의란 국민 다수가 경제 목표를 세우고 생산량의 상당 부분을 상호 영위하는 일련의 운용 방식을 말한다. 특히 고대 사회나 봉건 사회는 경제 운용 방식에서 민주주의적인 요소가 전혀 없었다.

한편, 사회주의자들은 소비에트 공산주의가 경제적으로나 정치적으로 진정한 민주주의 국가로 진화할 것이라고 주장했다. 그러나 어떻게 되었는가? 전체주의 국가로 치닫다가 후반기에는 정치적으로나 경제적으로 전혀 민주적이지 않은 독재 국가로 전락하고 말았다.

그럼, 오늘날 선진 자본주의 국가는 경제적 민주주의를 달성했는가? 그렇지 않다. 사실 경제적 민주주의를 막는 근본적인 장애물은 민간 부문이 주도하는 경제 체제에 뿌리박힌 의사 결정 과정에 있다. 현 민주적 정치 체제에서는 남녀 모두 투표권이 있고 그런 점에서 평등하지만, 경제 체제에서는 투표권이 구성원 개개인이 아니라 달러나 유로, 혹은 엔에 있기 때문이다.

예를 들어 주식 상장이 이루어지지 않은 기업에서는 소유권과 통제권이 기업 활동에 필요한 자본을 가진 사람, 즉 자본주에게 있다. 다시 말해서 자본주는 관리자를 채용하고 자유재량으로 직원을 해고한다. 관리자 또한 임금 및 봉급 생활자를 채용하고 감독하며 통제 대상이 되는 직원을 해고한다.

기업 공개가 이루어진 민간기업에서도 기업의 경영진을 임명하고 좌지우지할 수 있을 만큼의 의결권주를 보유한 투자자에게 통제권이 있다. 게다가 상장 기업은 주식이 공개적으로 거래되기 때문에 그 기업을 인수하고 싶으면 의결권주를 매입하면 된다.

이런 식의 기업 인수는 빈번히 일어나는데, 인수 의도가 우호적일 때도 있지만 적대적일 때도 있다. 우호적일 때는 기존 경영진이 존속되지만 적대적일 때는 세력들 간에 권력 다툼이 일어난다. 물론 기업 인수와 합병 모두 투표를 통해 이루어지지만 투표권은 의결권주를 보유한 사람에게만 있다. 이는 투표 결과를 결정짓는 요인이 사람이 아니라 달러나 유로, 혹은 엔과 같은 돈이라는 것을 의미한다.

기업 인수에는 경우에 따라 수십 억 달러가 소요되기도 한다.

일례로 2008년에 마이크로소프트Microsoft사는 300억 달러가 넘는 자금을 들여 야후Yahoo 인수를 시도했다. 그러나 야후와 구글Google 경영진은 적대적 형태를 띤 마이크로소프트의 인수 시도를 저지했다.

이처럼 상의하달의 위계질서가 뿌리 깊게 박혀 있고, 노동자가 아닌 자본의 힘으로 모든 것이 결정되는 경제 구조가 과연 민주주의와 조화를 이룰 수 있을까?

다양한 인간관계로 이루어진 새로운 사회를 개척하겠다는 일념 하나로 민주주의 개념을 경제 분야에까지 확대하기 위해 수많은 논의가 오가고 유토피아를 꿈꾸는 공동체들도 여기저기에 생겨났다. 그러나 이들 대부분은 오래가지 못했을 뿐만 아니라 이런 실험에 참여했던 사람들에게 부정적인 인상만 심어주었다. 물론 상당히 오랫동안 지속된 공동체도 있고 외부 사회에 지적·예술적 영향을 미친 공동체도 있었지만 전체적으로 보면 유토피아 공동체의 영향력은 미미했다.

세계화 시대라는 기치 아래 수십 년의 세월이 흘렀다. 그동안 자본 풀은 전례 없이 커진 규모를 자랑하며 거대 금융권의 통제 아래로 몰려들었다. 전 세계 기업의 상당수를 통제하고 감독하는 이러한 자본 풀은 힘이 너무 막강해서 그 어떤 국가도 감히 맞설 수가 없을 정도이다. 어디에 투자할지, 어디에 투자하면 안 되는지, 그리고 어떤 조건에서 투자할지 등을 결정할 수 있는 엄청난 능력을 보유하고 있어 자본 통제의 문제는 늘 민주주의의 논의 석상에 오르내리고 있다. 그와 동시에 직장 내 민주주의 문제 또한 야기되고 있는 것이다.

2장

**민주주의는
어떻게 발전했을까?**

◇·◇·◇·◇·◇·◇·◇·◇·◇·◇·◇

민주주의의 발전은 인간이 기술적으로 더 능숙해지고
생활 수준이 높아지면 인권과 정치적 권리도 그만큼 향상된다는
자연의 기본 법칙에 의해서 이루어진 게 아니다.
오히려 구체적인 역사적 정황 속에서 발달했다.

◇·◇·◇·◇·◇·◇·◇·◇·◇·◇·◇

민주주의는 자본주의와 함께 발전했다

민주주의는 고대 그리스와 로마를 비롯해 그 사회적 뿌리가 매우 다양하다. 그러나 민주주의가 본격적으로 발전한 것은 17~19세기 유럽과 북아메리카에서 사회적 평등과 자유를 향한 투쟁이 불붙기 시작하면서부터이다. 이러한 투쟁은 인간 본성에 관한 새로운 관점, 그리고 과학과 철학의 경이로운 발전에 힘입어 종국에는 기존 질서에 대한 대규모 공격으로 발전했다. 18세기 후반의 미국 혁명과 프랑스 혁명이 바로 그 정점에서 일어난 사건이라고 할 수 있다.

　민주주의는 자본주의와 함께 발전했다. 유럽이 봉건주의 사회에서 자본주의 사회로 탈바꿈하기까지는 수세기가 걸렸다. 도시가 급성장하고 상업이 번성하는 과정에서 상인 계층과 그 외의 부유한 도시 거주자들이 자신에게 유리한 국가 권력 체제를 꿈

꾸며 귀족 계층의 정치적 권위에 도전한 것이다.

본래 봉건 사회는 토지를 소유한 귀족과 그 토지를 일구는 농노라는 두 개의 축을 중심으로 돌아가는 사회였다. 그러나 도시가 발전하면서 상인과 그들이 고용한 사람, 보석 세공인·시계 제조자·목수·총기 제작자·자물쇠 수리공·통 제조자·공구 제작자·재단사 등과 같은 장인, 그리고 그들 밑에서 일하는 도제 등으로 이루어진 새로운 경제 체제가 창출되었다.

유럽에서 인구가 가장 많았던 프랑스를 먼저 살펴보면, 당시의 경제적·사회적 현실에 비해 통치 체제는 상당히 뒤떨어졌다. 그중에서도 가장 큰 장애물은 국가의 중심인 군주였다. 1643년에 왕위에 오른 루이 14세는 당시에는 나이가 다섯 살밖에 안 되었기 때문에 큰 영향력을 행사하지 못했으나 본격적으로 통치권을 행사하기 시작한 1661년부터 1715년 사망할 때까지는 왕을 중심으로 한 강력한 중앙집권 통치 체제를 구축했다.

그의 권력이 어느 정도였는지는 파리에서 조금 떨어진 베르사유의 호화스러운 궁전을 보면 알 수 있다. 당대를 대표하는 건축물인 이 베르사유 궁전에서 태양왕 루이 14세는 국정을 운영했고 내로라하는 귀족들은 그의 호의와 힘을 얻기 위해 주변에 머물렀다.

그러나 그가 수도를 파리에서 베르사유로 옮긴 것은 자본주의 사회로 변모하는 현실을 무시하고 부인한 것과 다름없었다. 결국 프랑스의 자본주의는 왕의 관심 밖에서 무럭무럭 성장했다.

군주제였던 당시 프랑스 사회는 세 개의 신분이 존재했다. 우선 로마 가톨릭 성직자로 이루어진 제1신분에는 추기경과 대주교, 주교, 교구사제, 수도사, 수녀 등이 모두 포함되었다. 작위가 있는 귀족들은 제2신분에 속했다. 당시 귀족은 대검 귀족과 법복 귀족으로 나뉘었다. 대검 귀족은 대토지를 소유한 영주와 군인들로 대대로 작위를 물려받은 귀족을 의미하며, 법복 귀족은 도시 출신의 성공한 변호사와 부유한 상인들로 왕에게서 작위를 하사받은 신진 귀족을 의미한다. 마지막으로 제3신분은 그 나머지에 해당하는 대다수 국민으로 상인과 은행가, 장인, 노동자, 농노 등이 포함된다.

프랑스는 유럽의 지배자로 군림하기 위해 경쟁국들과 치열한 전쟁을 벌였을 뿐만 아니라 그 이외의 대륙, 특히 북아메리카에서 영국과 식민지 쟁탈전을 벌였다. 그러다 보니 만만치 않은 비용이 들어갔고, 이 때문에 새로운 세원을 마련하기 위해 필사적이 되었다.

1789년에 삼부회를 소집하게 된 것도 바로 이러한 국가재정 파탄의 위기를 모면하기 위함이었다. 그러나 이런 일련의 조치들은 프랑스 혁명을 유발하는 촉매제 역할을 했고, 결국 프랑스 군주제는 막을 내리게 된다.

프랑스를 고질적인 위기에 몰아넣었던 것은 프랑스와 유럽을 압박했던 새로운 사회 질서뿐만이 아니었다. 인쇄술과 화약 등을 비롯한 신기술의 발달과 더불어 과학자들의 신개념, 그 외에 철학자·풍자가·비평가 등의 저서를 통해 기존 사회 질서는 통렬한 공격을 받았다. 특히 갈릴레오, 코페르니쿠스, 뉴턴과 같은 과학자들이 그때까지 사실로 여겼던 사물의 질서를 완전히 뒤엎었다.

당시 사람들은 지구가 창조주인 신의 산물이고 신의 의지에 따라 우주의 중심이 되었으며 그 때문에 태양과 달, 그리고 별들이 지구 주위를 돈다고 믿었다. 그러나 과학자들은 지구가 태양 주위를 돌며 물질은 일련의 자연 법칙에 따라 움직인다는 사실을 발견했다. 또 이는 관찰을 통해 충분히 납득할 수 있는 사실이라고 주장했다.

혁명으로 이룬 민주국가의 태동

한편, 사회 사상가들은 왕권이 신에게서 부여받은 것이며 귀족은 태어날 때부터 평민보다 우월하다는 가정에 반기를 들었다. 대표적으로 17세기 영국의 철학자 토마스 홉스와 존 로크는 인간은 모두 평등하며 언젠가는 반드시 죽기 때문에 모두 소멸될 운명이라고 주장했다. 물론 여기에서 인간이란 여성을 제외한 것이기는 하지만 이는 기존의 사회 통념을 뒤엎는 획기적인 사상이었다. 게다가 로크는 평등사회에서는 지배자와 피지배자 사이에 계약이나 상호 이해가 필요하다고 역설했다.

이러한 사회 사상가들의 사고는 미국의 독립혁명에 토대가 된 정치사상과 민주주의 발달에 막대한 영향을 미쳤다. 한편 루소와 볼테르를 비롯한 프랑스 철학자들은 권력자들의 허세를 조롱하고 풍자했다. 프랑스 내부에 이러한 혁명의 조짐이 확산되는 가운데 최초의 근대 혁명은 대서양 건너편에서 일어났다.

최초의 근대 혁명으로 탄생한 미국

1776년 7월 4일, 영국의 13개 식민지를 대표하는 대륙의회의 대표자들이 영국으로부터 독립을 선언하고 미합중국을 건립했다. 특히 주목할 사실은 미국의 '독립선언서'에 식민지 주민의 자치권뿐만 아니라 "인간은 모두 평등하게 태어났으며 생존권, 자유권, 행복추구권이 있다"라고 명시된 점이다.

독립선언서가 채택되었을 당시 식민지 주민과 모국 영국은 정치적 대립으로 수년 동안 불화를 겪고 있었다. 식민지 주민은 영국 정부가 자신들에게 부과하는 세금에 반발했으며, 영국의 상비군이 식민지에 주둔할 수 있다는 주장에 저항했다.

분쟁 초기에 식민지 주민은 영국인으로서 마땅히 누려야 할 권리를 위해 싸운다고 주장했다. 그러나 시간이 흐르면서 차츰 국가 간의 싸움으로 바뀌었다. 식민지 주민들이 영국인이 아니라 미국인이 되어가고 있었던 것이다. 따라서 싸움은 자치권 다툼의 성격이 강해졌다.

마침내 1775년 4월 19일, 매사추세츠 콩코드 외곽에 위치한 올드 노스 브리지에서 영국군과 식민지 민병대가 충돌하는 사건이 발생했다. 바로 이 교전에서 '온 세상에 울려 퍼진 총 한

방'이 발사되었다. 이렇게 시작된 미국의 독립전쟁은 8년 넘게 치열한 양상을 띠다가 1783년 영국 정부가 식민지 대표자들과 협상 끝에 '파리조약'을 체결함으로써 막을 내렸다. 이로써 식민지 미국은 독립국가가 되었다.

미국 최초의 헌법은 1781년에 채택되었으나 오늘날까지 실질적으로 존속되고 있는 헌법은 1787년에 각 주의 대표자들이 필라델피아에 모여 제정한 것이다. 독립전쟁 당시 혁명군의 총사령관으로 영국군과 맞서 싸운 조지 워싱턴이 헌법제정회의 의장으로 선출된 뒤 헌법 초안이 마련되었고, 13개 주에서 하나둘 이를 채택함으로써 미국의 헌법은 효력이 발생하기 시작했다.

미국 헌법의 민주적 특성은 "우리 미합중국 국민은"이라는 첫 구절을 통해 드러난다. '미합중국 국민'을 대신해 선출된 대표자들이 헌법을 제정하고 정부 형태를 결정한다는 이 사고방식은 당시 전 세계 국가의 통치 방식을 위협할 정도로 혁신적인 것이었다.

미국은 이 헌법을 토대로 대의 정부에 필요한 제도를 갖추어 나갔다. 우선 최고 행정관이면서 군 최고 사령관 지위를 맡을 대통령을 선출했고, 2년 임기의 하원과 6년 임기의 상원으로 구성된 양원제 의회를 채택했으며, 연방 정부와 주 정부의 권한을 규정했다. 또한 대법원을 설립하여 의회나 주에서 통과된 법안이 그들의 관할권에 포함되는 사항인지 헌법에 위배되지는 않는지 등을 결정하도록 했으며 헌법 수정에 관한 조항을 명시했다.

1789년 일련의 헌법 수정안이 발의되었고 그 가운데 10개 조항이 1791년에 발효되었다. '권리장전'으로도 불리는 이 10개 조항을 통해 미국 헌법은 시민의 권리를 명확히 밝히고 정부의 권한을 제한했으며, 새롭게 추가된 헌법 개정안에 위배되는 법안을 의회가 통과시키지 못하도록 했다. 예를 들어 가장 핵심적인 내용을 담고 있는 수정헌법 제1조를 살펴보면 다음과 같다.

> "의회는 국교를 정하거나 신앙의 자유를 금지하는 법률을 제정할 수 없다. 또한 표현의 자유, 출판의 자유, 국민이 평화롭게 집회할 권리, 그리고 고충 해결을 위해 정부에 탄원할 권리를 제한하는 법률을 제정할 수 없다."

그 외에도 수정헌법은 불리한 진술을 강요받지 않을 권리, 재판을 받을 권리, 부당한 검문과 체포로부터 보호받을 권리 등을 보장했다. 또한 주 정부는 재판에 회부된 사람에게 지나친 보석금을 부과할 수 없었으며, 유죄 판결을 받은 사람에게 잔혹하고 이례적인 처벌을 내릴 수 없었다. 수정헌법 제2조는 해석 방법에 있어 논란의 여지가 있기는 하지만 무기 소지 권리를 보장했다.

미국 헌법은 당시 다른 나라의 통치 제도와는 비교도 안 될 만큼 민주적이었다. 그러나 그 이면에는 민주주의를 견제하려는 헌법 입안자들의 확고한 의지도 담겨 있었다. 예를 들어 대통령과 부대통령은 국민의 손으로 직접 뽑을 수가 없었다. 그 대신 선거인단Electoral College이라는 기구를 만들어 각 주의 투표자들로 하여금 그 선거인단을 뽑도록 했으며 각 주의 선거인단이 모여 대통령을 투표로 선출했다. 다시 말해서 일반 국민이 아니라 엘리트 집단이 국가의 최고 공직자를 선출하는 방식을 채택했던 것이다. 그리고 이러한 제도는 오늘날까지 존속되고 있다.

이 제도의 문제점은 국민이 자신의 대통령과 부대통령 선출에 거의 영향을 미치지 못한다는 점이다. 미국을 대표하는 양당, 즉 민주당과 공화당이 자기 당의 대통령 후보자에게 투표할 각 주의 선거인단 명부를 확정하기 때문이다. 결국 국민의 투표권은 대통령 후보자가 아니라 양당이 확정한 선거인단을 뽑기 위한 것이 되어버렸다.

미국의 헌법 입안자들은 유럽인과 마찬가지로 의회 민주주의에 대해 회의적이었다. 이는 하원과 상원의 차이점에서 분명하게 드러났다. 우선 하원은 2년마다 유권자 투표로 선출되고 의석수는 주의 인구수에 비례해서 배정되었다. 그러나 상원은 주의 인구수와 상관없이 각 주에 두 명씩 배정되고 6년 임기에 유권자가 아닌 주의 입법자가 선출하도록 했던 것이다. 이러한 제도는 1913년까지 유지되다가 헌법 수정 조항이 추가되면서 오늘날에는 상원 의원도 유권자가 직접 뽑도록 하고 있다.

제3신분이 곧 프랑스이다

프랑스의 위기는 1789년에 정점에 달했다. 재정난에 허덕이던 루이 16세는 국고를 재정비하기로 결정하고 삼부회를 소집했다. 그러나 파리에 모인 제3신분 지도자들이 프랑스 국민의 진정한 대표자는 자신들이라고 주장하면서 각종 특권을 요구했다. 그리고 팽팽한 정치적 긴장감 속에서 "제3신분이 곧 국가이다"라고 선포함으로써 제1신분과 제2신분의 정통성을 무효화하는 숙명적인 단계에 돌입했다.

얼마 지나지 않아 기존 국가 체제를 완전히 바꿔버릴 민중 봉기가 파리에서 일어났다. 1789년 7월 14일, 구체제의 권력을 상징하는 파리의 바스티유 감옥을 혁명군이 공격한 것이다. 그로부터 몇 주 지난 1789년 8월 4일 제3신분의 대변인 역할을 하던 제헌국민의회가 귀족의 특권을 폐지하고 그들의 대토지를 경작자인 농노에게 양도했다. 마침내 농노는 자기 토지를 소유한 농부가 되었고 이는 새로운 사회를 향해 성큼 다가가는 계기가 되었다.

봉건적 토지소유제가 폐지되고 3주가 지나자 제헌국민의회는 '인간과 시민의 권리 선언'을 채택했다. 이 인권 선언문은 여성을 제외한 모든 인간의 평등권과 그 외의 기본 권리를 규정한 것이다. 규정된 권리의 범주가 전례 없이 포괄적이었기 때문에 1948년에 유엔에서 통과된 '세계인권선언'의 토대가 되기도 했다. 구체적으로 살펴보면 '인간과 시민의 권리 선언' 제1조에서는 "인간은 태어날 때부터 자유롭고 평등할 권리가 있다. 사회적 차별은 공공의 이익을 위해서만 가능하다"라고 규정하고 있다. 제2조에서는 "모든 정치적 결사의 목적은 인간의 천부적 불가침의 권리를 보전하는 데 있다. 이러한 권리에는 자유권, 재산권, 안전권, 압제에 대한 저항권 등이 있다"라고 규정하고 있다.

그 후 몇 년 동안 국민의회 내부에서는 정치 파벌끼리 치열한 이권 다툼이 벌어졌다. 1792년에는 왕정이 폐지되고 그 자리에 공화정이 들어섰다. 왕좌에서 쫓겨난 루이16세와 왕비 마리 앙투아네트는 도망가다가 잡혀서 파리로 압송되었고, 결국 1793년에 단두대에서 처형되었다.

프랑스는 민주주의로 나아가는 초기에 공포정치Reign of Terror의 혼란 속에 빠졌다. 공포정치 당시에는 집권 권력에 맞서는 정치적 반대 세력은 물론 수천 명의 귀족들이 처형을 당했다. 그 뒤를 이어 1795년에 총재 정부가 들어섰는데, 이전보다는 훨씬 보수적인 정권이었다. 그러나 얼마 지나지 않아 나폴레옹 보나파르트 장군이 외국 군대를 수차례 대파시키면서 프랑스의 영웅으로 떠올랐으며 1804년 유권자들의 국민투표를 통해 프랑스 황제 자리에 올랐다.

민주주의는 인간의 본성과 일치할까

프랑스 혁명은 그 이후에 일어난 일련의 사건에도 불구하고 사회의 기본 구조를 변화시켰다. 봉건적 특권을 폐지시켰고 적어도 이론상으로는 모든 인간(이 경우에도 역시 여성은 제외됨)이 평등한, 근대 자본주의 사회의 토대를 마련했다. 또한 혁명 사상은 프랑스 국경을 넘어 유럽 전역으로 확산되었는데, 유럽의 상당 부분을 점령한 나폴레옹 군대가 이러한 확산에 크게 기여했다.

민주주의의 원리와 관행, 그리고 인권은 서구 문명의 기본 개념으로 자리 잡았다. 물론 역사적으로 볼 때 그 이후에도 많은 유럽 국가들이 심각한 퇴보와 독재 정권, 권위주의적 군주제를 겪어왔지만 이러한 사고와 열망은 사회의 일부분으로 면면히 이어져왔다.

자본주의가 봉건제와 귀족 통치의 잔재를 청산하자 일부 사상가들은 자본주의적 민주주의의 한계를 비판하기 시작했다. 특히 사회주의자, 그리고 더 나중에 등장한 사회 민주주의자가 보기에 자본주의적 민주주의는 자본가가 토지 소유자, 그리고 임금 및 봉급 생활자의 희생을 담보로 자본을 통제함으로써 사회를 지배할 수 있는 특권을 차지하려는 것이었다. 그들은 진정한 민주주의를 달성하려면 자유주의자가 주장하는 기회의 평등뿐만 아니라 조건의 평등도 이루어져야 한다고 주장했다. 다시 말해서 사회적 자원과 문화적 혜택을 국민 전체와 훨씬 더 철저히 공유해야 한다고 생각한 것이다.

역사적으로 볼 때 민주주의는 인간 삶의 일반적인 경향, 즉 개선과 진보 때문에 등장한 것이 아니며, 민주주의의 발전 또한 인간이 기술적으로 능숙해지고 생활 수준이 높아지면 인권과 정치적 권리도 그만큼 향상된다는 자연의 기본 법칙에 의해 이루어진 것이 아니다. 오히려 민주주의는 구체적이고 특수한 역사적 정황 속에서 발전해왔다. 그리고 이러한 역사적 정황은 주로 변화의 소용돌이에 휩싸인 경제, 또는 사회 체제 내에서 대규모 권력 투쟁이 일어나면서 빚어졌다.

예를 들어 서유럽 주변에 있는 국가들의 경우 상인과 장인, 그리고 은행가에 힘입어 상업이 발달하면서 크고 작은 도시들이 성장했는데, 이러한 도시의 성장으로 출연한 새로운 자본주의 사회가 봉건 귀족 사회라는 기존의 사회적·정치적 구조와 충돌하여 민주주의를 발전시킨 것이다.

이러한 대변화의 물결에 편승한 돈 많은 부르주아 계급은 자신들이 기존의 권력 체제에 갇혀 위축되고 있음을 깨달았다. 자신들이 가진 부와 야망으로 십분 누릴 수 있는 특권을 차지하려면 혁명은 불가피했다. 영국의 경우 혁명은 구체제의 전복 없이 17세기에서 19세기에 걸쳐 서서히 진행되었다. 그러나 프랑스의 혁명은 훨씬 짧은 기간 내에 일어났다.

부르주아 계급과 그들의 정치적·지적 동맹 세력들은 구체제와의 싸움에서 승리하기 위해 다수 대중을 결집해야 했다. 그래서 소작농과 도시 노동자, 그리고 심지어 빵값 인하를 요구하기 위해 조직된 여성들까지도 그들 편으로 끌어들였다.

물론 역사적으로 상층 계급의 구성원이 하층 계급의 힘을 이용해 자신이 원하는 사회적 목적을 실현한 것은 이번이 처음은 아니다. 기원전 1세기 로마에서도 줄리어스 시저를 비롯한 상층 계급의 구성원들이 정치적 반대파를 몰아내기 위해 '빵과 서커스'를 미끼로 대중을 동원했다.

철학적으로 볼 때, '모든 인간은 통치자를 뽑을 권리가 있다'라는 말의 밑바탕에는 "모든 인간은 본질적으로 평등하다"는 사고가 깔려 있다. 그리고 평등이란 개념은 인간이 본래 이성적이고 유능할 뿐만 아니라 교육을 통해 훨씬 더 이성적이 될 수 있다는 낙관적인 믿음에 토대를 두고 있다.

오늘날 인권과 민주주의에 대한 논의는 이와 동일한 사고방식에 근거한다. 현대의 심리학 이론들은 인간의 이성에 대해 그리 낙관적이지 않지만 말이다. 그런 이론에 따르면 우리가 아는 민주주의는 인간이 만들어낸 여타의 창조물들과 다를 것이 없다. 즉, 민주주의는 인간의 본성 때문에 필연적으로 생겨나는 것이 아니라는 뜻이다.

✿ 민주주의의 발전 없는 경제 성장

전체주의 국가와 권위주의 국가는 급속한 경제 성장과 생활 수준 향상에 기여하는 무대가 되기도 한다. 예를 들어 나치 독일은 1930년대에 급속한 경제 성장을 이루었을 뿐만 아니라 제2차 세계대전 발발 직후 2년 동안 히틀러 정권 아래에서 생활 수준이 크게 향상되었다.

오늘날 중국에서도 마찬가지 현상을 목격할 수 있다. 즉, 일당 체제의 정부 아래에서 언론의 자유, 인권 보장, 정치적 다원화 등의 요구가 무참하게 짓밟히고 있음에도 중국은 엄청난 경제 성장을 이루어냈으며 소수 집단의 생활 수준도 급격히 향상되었다. 그에 상응하는 민주주의의 발전은 전혀 없이 말이다.

혹자는 중국이 경제적으로 번성하고, 글로벌 무역 체제에 동참하고, 전례 없이 막대한 양의 외국인 투자가 이루어지면서 점차 법치가 통하고 인권이 보장되는 정치적 민주주의가 확립될 것이라고 주장한다. 그러나 현재까지는 중국이 전 세계 국가에 경제적 문호를 열었다는 사실 외에는 민주주의로 나아가는 토대를 마련했다고 볼 만한 구체적 증거를 찾아볼 수 없다.

그럼에도 민주주의는 끝없이 진화한다

부르주아 계급을 대변하는 정치 세력은 다수 대중의 힘을 결집해서 구체제를 무너뜨리자마자, 대중의 힘이 강해지는 것을 꺼리는 그들의 본심을 드러냈다. 예를 들어 1787년에 새로 제정된 미국 헌법은 독립혁명 초기에 주창되었던 것보다 확실히 덜 민주적이었다. 프랑스 또한 1794년에 나폴레옹 보나파르트가 황제로 등극하면서 혁명은 보수적으로 변질되었다.

그러나 민주주의는 역사를 통해 견고한 구조물임이 드러났다. 일단 시동이 걸리면 정지시키거나 뒤돌리기가 좀처럼 쉽지 않다. 물론 지난 두 세기 동안 민주주의 발전을 저해하는 일들이 여기저기서 일어났다. 그러나 미국 독립혁명과 프랑스 혁명을 통해 상인, 은행가, 신흥 기업가뿐만이 아니라 농부, 노동자, 여성, 소수 인종의 민주주의를 향한 열망도 점점 커져갔다.

미국에서는 1820년대와 1830년대에 서부로의 대이주와 농경지 개척에 힘입어 인민주의 운동이 불붙었고 이들은 동부 지역의 금융 권익에 맞서 싸웠다. 그 대표 사례가 '잭슨 민주주의'인데 1829년에서 1837년까지 대통령으로 재임한 앤드류 잭슨의 이름에서 유래했다.

프랑스에서는 1830년 7월 혁명, 1848년 2월 혁명, 그리고 1871년 파리 코뮌 등 혁명이 잇따라 발생했다. 그리고 이러한 혁명의 열기 속에서 노동자 계급의 요구가 표면화되었다. 이제 민주주의는 18세기 혁명을 승리로 이끈 부르주아 계급의 손을 떠났다.

노예제 폐지를 이루어낸 미국의 남북전쟁은 1890년대와 1900년대에 와서 금융 권력에 핍박받는 농민을 대변하는 진보주의 운동으로 이어졌다. 또한 같은 기간에 노동 운동은 저임금과 비참한 노동 환경에 분노를 터뜨리며 활기를 띠게 되었다. 그러나 노동자의 파업은 무참히 진압되었다. 또 제1차 세계대전 당시 노동 운동가 유진 데브스Eugene Debs는 옥중에서 사회당 후보로 대통령 선거에 출마했으나 100만 표를 얻는 데 그쳤다.

유럽에서는 각양각색의 사회주의자와 무정부주의자가 등장했고, 이들은 노동자의 권리 개선을 위한 투쟁을 주도했다. 그러나 이내 이러한 투쟁을 저지하려는 탄압의 물결이 뒤따랐다.

동시대에 유럽과 북아메리카 대륙에서는 여성의 투표권이 민주주의 투쟁의 새로운 쟁점으로 부각되었다. 여성의 참정권 투쟁은 양 대륙에서 모두 거센 반대에 부딪쳤지만 결국에는 승리했다.

한편 1930년대 대공황 시기에 노동 운동은 훨씬 더 광범위한 정치적 동맹 세력에 흡수되고 말았다. 사실 이 동맹 세력은 제2차 세계대전 발발의 원인이 되었던 나치즘과 파시즘, 그리고 일본의 군국주의에 대항하는 군사 연합의 성격이 강했다.

서구 사회는 종전 이후 수십 년에 걸쳐 사회적·정치적 민주주의의 토대를 마련했다. 캐나다와 유럽에서는 노동자의 임금 상승과 고용 안정성 확보 등과 같은 민주주의 투쟁의 성과 덕분에 사회복지 프로그램이 크게 개선되었고 고등 교육을 받을 기회가 더욱 확대되었다. 미국에서는 1950년대와 1960년대에 인종분리 반대와 흑인의 정치적 권리 요구에 중점을 둔 시민권리 운동이 역사에 길이 남을 승리를 거두었다.

1960년대에 들어서는 사회적으로 의미하는 바가 큰 문화 전쟁이 일기 시작했고, 이는 상당수 젊은이들이 북아메리카와 유럽의 기존 질서 체제에 등을 돌리게 되는 계기가 되었다. 이러한 민주주의 투쟁은 1968년에 정점에 다다랐는데, 그해 초 마틴 루터 킹과 로버트 케네디가 암살되면서 기존 정치 체제에 환멸을 느낀 젊은이 수천 명이 민주당 전당대회 때 시카고 거리에 쏟아져 나왔던 것이다. 시카고 경찰이 그들을 공격하자 그들은 텔레비전 카메라에 대고 "전 세계가 지켜보고 있다!"라고 구호를 외쳤다.

한편, 그해 파리에서도 개혁을 요구하는 운동이 일어났고 수십만 명의 학생과 젊은이, 그리고 노동자가 거리로 쏟아져 나왔다. 이러한 투쟁은 1천만 명이 넘는 노동자의 총파업으로 절정에 달했고 샤를 드 골 대통령이 이끄는 정부는 실각 위기에 처했다.

이러한 일련의 저항은 기존 질서 체제를 무너뜨리지는 못했지만 향후 민주주의 투쟁의 씨앗이 되었다. 1960년대 양 대륙에서 일어난 사회 운동의 정치적 핵심 집단은 영양가 없는 파벌주의 정치로 분열되었으나, 이전에 이룬 민주주의 성과에 힘입어 1970년대에 들어와서 여성운동과 동성애자 운동이 새롭게 등장했다.

여성운동은 정치적 성격을 띠기 시작했으며 이로 말미암아 정치인들은 여성 노동자의 삶과 가정 현실을 구체적으로 다루지 않은 채 미사여구로만 국민을 위해 봉사한다고 주장하기가 힘들어졌다. 남녀 동성애자의 투쟁은 성적 소수 집단을 깊이 이해할 수 있는 계기를 마련함으로써, 하나의 규범으로 인간 사회의 주류를 이해할 수 있다는 사고를 완전히 깨트렸다.

1990년대 말 한동안 지속되던 보수주의와 젊은 세대의 정치적 침묵을 깨고 새로운 운동이 일어나기 시작했는데, 바로 세계화가 초래하는 광범위한 불평등을 알리고자 하는 반세계화 운동이다. 서구 사회에서 탈냉전 시대에 첫 번째로 일어난 이 대규모 저항 운동은 독특한 정치적 성격을 띠었다.

반세계화 운동의 지지자들은 서구 정당은 물론 소련이 붕괴된 이후에는 마르크스주의에도 환멸을 느꼈다. 이 때문에 그들은 자의식이 강한 분권주의를 주창했다. 그들이 볼 때 강력한 지도자는 불필요했던 것이다. 반세계화 운동에서 특히 주목해야 할 점은 1960년대와 1970년대의 시민 운동보다 여성들이 눈에 띠게 지적으로나 정치적으로 중추적인 역할을 수행했다는 것이다.

반세계화 운동은 정치적 내용과 방법의 상당 부분을 무정부주의 이론과 과거의 관행에서 이끌어왔으며 직접 행동할 것을 강조한다. 여기에서 직접 행동이란 '불복종을 실천' 하는 것을 말한다. 사실 무정부주의는 항상 민주주의와 관계가 좋지 않았고 국가를 제거해서 그 자리를 '협력하는 사회 체제'로 대체하길 열망하기 때문에 무정부주의자에게 행동이란 불복종을 실천하는 것이다.

이러한 불복종은 국가 권력을 조롱해서 그들의 억압적인 성격을 폭로할 뿐만 아니라 국민에게 사회를 변화시키는 방법을 직접 행동으로 보여주고자 하는 데 목적이 있다. 반세계화 운동에서는 국제통화기금, 세계은행, G8을 세계화의 상징으로 간주하기 때문에, 이러한 기구의 모임이 있을 때마다 대규모 반대 시위를 조직하여 직접 행동하는 모습을 보여주었다.

예를 들어 1999년에는 시애틀에서 열린 세계무역기구wto의 비밀회의를 반대하는 대규모 시위를 개최함으로써 전 세계로부터 크게 주목을 받았다. 이 시위는 정상회담에 대한 반감이 증가하는 추세였기 때문에 더욱 힘을 얻었다. 2000년 봄에는 워싱턴에서 열리는 국제통화기금과 세계은행 회담을 목표로 대규모 반대 시위를 조직했다. 2001년 4월에는 시위자들이 퀘벡 시에 몰려와 아메리카 자유무역지대를 창설하려는 서구 정상들의 회담에 항의했다.

그러나 이렇게 활발하게 전개되었던 반세계화 운동은 2001년 9월 11일 뉴욕과 워싱턴을 강타한 테러 공격으로 말미암아 매우 치명적인 성처를 입었다. 테러 공격과 그에 따른 후폭풍으로 많은 사람이 세계화가 확산되더라도 국가의 중요성은 약화되지 않아야 함을 절실히 깨달았던 것이다.

9·11 테러 공격 이후 반세계화 운동의 주장은 지엽적인 것처럼 보였다. 게다가 일부 무정부주의 집단들이 경찰뿐만 아니라 회담이 열리는 장소도 공격해야 한다고 주장함으로써 내부에서 분열이 일어나기 시작했다. 이전에도 무정부주의자의 폭력 주장은 유치하고 어리석은 행동으로 여겨져 묵살된 적이 있었지만 9·11 테러 이후에는 악의적인 소지가 있는 것처럼 비춰졌다. 결국 반세계화 운동은 테러 공격의 또 다른 희생자가 되고 만 것이다.

역사가 보여주듯이, 민주주의는 끊임없이 시험대에 오르고 변화하고 의문시되고 축소되고 때로는 전면적으로 폐지되기도 했다. 사실 국민 다수가 결정적인 발언권을 가지는 정부 체제는 언제나 은밀하게, 혹은 공개적으로 그 효용성을 공격받기가 쉽다.

특히 힘 있는 이익 집단은 손에 넣은 권력을 어떻게 해서든 대중의 공격으로부터 지켜내려 하기 때문에 호시탐탐 공격의 기회를 엿본다. 어디 그뿐인가? '여성의 권리'와 같은 민주주의의 핵심적인 가치를 반대하는 종교 집단이나 이데올로기 집단도 이익 집단과 마찬가지로 호시탐탐 공격의 기회를 노리고 있다.

다수대표제와 비례대표제

민주주의 체제에서 정부를 선출하는 방법은 크게 두 가지로 나뉜다. 다수대표제와 비례대표제가 바로 그것이다. 다수대표제는 오늘날 미국, 영국, 캐나다에서 모든 단계의 정부 대표자를 선출할 때 시행된다. 단, 영국에서 유럽 의회의 의원을 뽑을 때는 비례대표제를 시행한다.

다수대표제는 이해하기 쉽다. 지역구에 상관없이 각 선거구에서 한 번의 선거로 최다 득표를 얻은 후보자가 당선되기 때문이다. 이때의 득표수는 반드시 과반수를 넘을 필요는 없다.

다수대표제는 정당 정치가 뿌리내리기 이전부터 시행된 제도이다. 영국과 캐나다에서 시행되는 영국식 의원내각제의 경우 정당이 정부를 구성하려면 단독으로든 다른 당과 연합을 해서든 하원 의원의 과반수 지지를 받아야 한다. 그러나 제1정당이 50퍼센트 미만의 의석을 차지했다고 해서 반드시 연립 정부를 구성해야 하는 것은 아니다. 이렇게 구성된 정부는 하원 의원 과반수가 불신임 투표를 하지 않는 한 5년 동안 정권을 유지할 수 있다. 그러나 과반수 이상이 불신임 투표를 할 경우 정부는 퇴진해야 하며 일반적으로 총선거가 실시된다.

다수대표제에서는 두 개 이상의 정당이 선거에서 치열한 접전을 벌이더라도 한 정당이 다수 의석을 차지해서 다수당 정부를 수립할 때가 많다. 이는 보는 사람에 따라 장점이 될 수도 단점이 될 수도 있다. 우선 장점이라면 선거에서 승리한 정당이 40퍼센트의 표만 얻더라도 상당수의 의석을 차지하고 4~5년 동안 안정된 정부를 구성할 수 있다는 사실이다. 반면 단점이라면 60퍼센트, 혹은 흔치는 않지만 그 이상의 투표자들이 집권당이 아닌 다른 당에 표를 던졌음에도 정부의 구성에 그 의사가 반영되지 않는다는 것이다.

이럴 경우 선거에서 승리한 정당의 주장과 공약이 유권자 다수의 격렬한 반대에 부딪힌다면, 다수대표제의 효용성은 상당수 국민으로부터 멀어질 수 있다. 예를 들어 영국에서 세 번 연달아 다수당 정부를 구성했던 마가렛 대처의 보수당이 그랬다. 1979년 초에 대처의 보수당이 처음으로 다수당 정부를 구성했을 때 유권자의 지지표는 44퍼센트 이상을 넘지 않았다. 결국 보수당 정부는 유권자 다수의 반대를 무릅쓰고 영국 사회와 경제 전반에서 개혁을 단행해야 했다.

캐나다에서도 이와 비슷한 사례를 찾을 수 있다. 1988년 총선거가 실시될 당시 브라이언 멀로니 총리가 이끄는 진보보수당 정부는 미국과 자유무역협정을 놓고 협상을 하는 중이었다. 그러나 국민 여론은 찬반 양론으로 첨예하게 갈라졌다.

이 때문에 총선거는 자유무역협정에 대한 국민투표와 다름없는 형상을 띠었는데 진보보수당은 협정을 지지하는 선거 운동을 펼쳤던 반면, 주요 야당인 자유당과 선진민주당은 협정에 반대하는 선거 운동을 펼쳤다. 그리고 선거 당일에 진보보수당은 43퍼센트의 지지표를, 자유당과 선진민주당은 합해서 53퍼센트의 지지표를 획득했다. 적은 표를 얻었음에도 보수당이 선거에서 이긴 것이다. 보수당 정부는 자유무역협정을 비준했다. 그로부터 몇 주 후에 협정은 효력을 발생했다. 유권자 다수가 자유무역협정에 반대하는 정당에 투표했음에도 말이다.

미국은 의원내각제 정부는 아니지만 상원과 하원 의원이 다수대표제로 선출된다. 대통령 선출 또한 마찬가지인데, 좀처럼 납득하기 힘든 방법이긴 하지만 주별로 선거인단을 선출해서 대통령을 뽑는다.

비례대표제는 다양한 형태로 변형되어 실행된다. 그러나 제1정당 이외의 정당 또한 확보한 투표수에 따라 대표자로 선출되고, 정부를 구성할 때 반드시 반영되어야 한다는 기본 전제에는 변함이 없다. 다시 말해서 정당은 유권자로부터 얻은 투표수에 비례해서 의회 의석을 확보한다는 뜻이다. 이는 다수대표제에 꼬리표처럼 따라다니는 선거 결과의 왜곡 현상을 방지하는 데에도 크게 도움이 된다.

비례대표제의 대표 사례는 독일연방공화국(서독)으로, 1949년 공화국이 수립된 이래 줄곧 이 제도를 시행하고 있다. 독일의 방식은 '인물화된 비례대표제personalized proportional representation'라고 불리며, 하원 의원을 선출할 때 시행된다. 이 제도는 1인 2표제로 유권자는 자신이 사는 선거구에 출마한 후보자와 자신이 선호하는 정당에 각각 1표를 투표한다.

이 제도에 따르면 우선 다수대표제 원칙에 따라 지역 선거구에 출마한 후보자들 가운데 최다 득표를 얻은 후보자가 당선자가 된다. 그런 다음 두 번째 선거, 즉 정당을 지명하는 투표가 실시된다. 정당 투표는 선거구 의원 선출 후에 따르는 문제점을 보완함으로써 정당 간의 공정한 균형을 이루는 데 그 목적이 있다. 예를 들어 42퍼센트의 정당 지지율을 기록한 정당이 68퍼센트의 선거구에서 승리했다고 해보자. 그리고 두 번째로 많은 지지를 받은 정당이 38퍼센트의 정당 지지를 받고 35퍼센트의 선거구에서 승리했다. 반면에 나머지 다른 세 개 정당은 합쳐서 20퍼센트의 정당 지지를 받았지만 선거구에서는 한 곳도 승리하지 못했다.

이런 경우 선거구에서 승리한 후보자 이외에도 정당 지지율에 따라 여분의 하원 의석이 부여되어야 한다. 그 결과, 정당 투표 지지율보다 선거구에서 승리한 후보자 비율이 높은 첫 번째 정당은 여분의 의석을 전혀 확보하지 못한다. 그러나 두 번째 정당은 35퍼센트의 선거구에서 승리했지만 정당 지지율은 38퍼센트를 기록했기 때문에 그에 해당하는 몫의 의석을 하원에서 추가로 할당받는다. 이와 마찬가지로 통합해서 20퍼센트의 정당 지지율을 확보한 나머지 소수 정당들 또한 선거구에서는 완패했지만 총 20퍼센트의 의석을 할당받는다.

여분의 의석은 각 정당이 선거 전에 발표한 명부에 기재된 후보자에게로 돌아간다. 이때 명부에 기재된 후보자는 1순위, 2순위 식으로 정당에 의해 순서가 매겨진다. 정당 명부를 통해 하원에서 추가로 의석을 차지한 의원은 선거구에서 선출된 의원과 의회에서 똑같은 지위를 부여받는다.

독일식 비례대표제에서는 최소 5퍼센트 이상의 정당 지지율을 확보한 정당만이 정당 명부에 기초해 하원에서 의석을 할당받을 수 있다. 1949년에 독일연방공화국이 수립되었을 때 입법자들은 군소 정당이 난립하고 그런 정당에 의석을 할당해야 하는 상황은 최대한 피해야 한다고 생각했다. 군소 정당에 의회의 문을 열어주었다가는 의회가 분열되는 결과를 초래할 수도 있기 때문이다.

아닌 게 아니라 정치적 양보의 대가로 군소 정당에 의석을 배분하게 되면, 군소 정당 또한 정부에 영향력을 행사할 수 있는 힘을 갖게 되어 정국의 혼란을 야기할 수 있다. 이와 같은 분열은 실제로 많은 국가가 경험한 것으로, 1920년대에서 1930년대 초반에 독일 바이마르 공화국이 그랬고, 최근 수십 년 동안에는 이스라엘과 이탈리아가 그랬다.

그러나 독일의 경우에는 이러한 투표 제도가 다양한 정치적 견해를 정부가 수용할 수 있는 통로가 됨으로써 60년 동안 정권의 안정에 크게 기여했다. 현재는 하원에서 의석을 확보한 5개 정당 가운데 4개 정당이 연립 정부에 참여해서 함께 독일을 통치하고 있다.

비례대표제 비판자들의 주장에 따르면, 비례대표제는 다수대표제와 달리 선거를 통해서는 특정 정당이 단독으로 국정을 운영하는 다수당 정부를 구성하기 힘들다고 말한다. 그렇다. 독일 선거를 살펴봤을 때 특정 정당 한 곳이 하원에서 다수 의석을 차지하는 사례는 거의 찾아볼 수가 없다. 그러나 그것이 그렇게 나쁜가? 오히려 독일 정부는 이러한 투표 제도 덕분에 중도적인 성격이 강해지지 않았는가? 이러한 제도 하에서는 그 어떤 정당도 독단으로 정부 정책을 결정할 수 없다. 이 뿐만 아니라 정치 지도자는 전투적인 정치 기술과 함께 회유의 기술까지도 연마해야 한다.

3장

소수의 권리를 위한
민주화 운동

◇·◇·◇·◇·◇·◇·◇·◇·◇·◇·◇·◇·◇

소수를 위한 민주적 권리 투쟁은
우리에게 민주주의에 대해 다시 한 번 생각해볼 기회를 준다.
민주주의가 다수의 권리만을 위한 것이 아님을 말이다.

◇·◇·◇·◇·◇·◇·◇·◇·◇·◇·◇·◇

남성과 똑같은 권리를 얻기 위한
여성의 참정권 투쟁

미국의 독립선언서와 프랑스의 '인간과 시민의 권리 선언'서는 여성이 아니라 남성의 권리를 선포한 것이다. 다시 말해서 여성은 투표권, 공직 참여권, 재산을 소유하고 처분할 권리를 얻기 위해 계속 싸워야만 했다. 또한 고등교육을 받을 권리, 남성과 나란히 전문직에서 일할 권리를 위해 싸워야 했다. 그러나 오늘날까지도 일부 여성들은 이러한 권리를 보장받지 못한 채 살고 있다.

북아메리카와 유럽에서 일어난 여성의 정치적 권리 투쟁은 18세기 인권 투쟁의 전통과 역사를 상당 부분 따르고 있다. 실제로 영국의 작가 겸 여성인권 운동가 메리 울스턴크래프트Mary Wollstonecraft는 1792년 출간한 《여성의 권리 옹호A Vindication of the

Rights of Woman》에서 "여성은 선천적으로 남성보다 열등하지 않으며 따라서 모든 정치적 권리를 부여받아야 한다"라고 주장했다.

이후 각국에서 다양한 투쟁이 시작됐다. 전술은 나라마다 달랐지만 투쟁의 목적은 비슷했고 운동가들은 서로에게 자양분이 되었다. 그러나 고되고 거센 저항에 부딪쳤다는 점, 승리하기까지 오랜 시간이 걸렸다는 점에서는 모두가 비슷했다. 이러한 역경 속에서 여성운동가들은 투표권을 쟁취하기 위해 전투적인 전술을 채택하기도 하고 시민불복종 운동에 참여하기도 했으며 투옥되기도 했다.

미국 여성의 참정권 운동

1920년 8월에 수정헌법 제19조가 통과됨으로써 미국은 힘겨웠던 여성 참정권 투쟁이 결실을 맺었다. 제19조에 따르면 "합중국 시민의 투표권은 성별 때문에 국가 혹은 주에서 거부되거나 제한되지 않는다. 연방 의회는 적절한 입법을 통해 본 조항을 시행할 권한이 있다"라고 밝히고 있다.

수정헌법 제19조가 통과될 때까지 여성의 참정권 쟁취 투쟁은 70여 년 동안 격렬하게 지속되었다. 특히 1848년에 뉴욕 세네카 폴스에서 열린 모임은 투쟁의 시발점과도 같았다. 이 모임에는 엘리자베스 캐디 스탠턴Elizabeth Cady Stanton과 루크레시아 모트Lucretia Mott를 포함한 여성 참정권 투쟁의 선구자들이 참여했다.

이 역사적 모임 이후 수십 년 동안 여성 참정권 투쟁은 연방과 주 단위로 진행되었다. 그러나 전략의 차이로 운동은 크게 두 갈래로 나뉘었으며 서로 다른 접근 방법으로 투쟁에 참여했다.

우선 줄리아 워드 하우Julia Ward Howe와 루시 스톤Lucy Stone이 창설한 미국여성참정권협회에는 여성뿐만 아니라 남성도 참여했다. 이들은 흑인 참정권 투쟁과 연대했으며 인종에 근거해 투표권을 거부하는 것은 불법임을 명시한 수정헌법 제15조 비준을 위해 힘썼다. 그러나 앞으로 살펴보겠지만 이 조항은 결과적으로는 남부에 거주하는 흑인의 참정권을 보호하는 데에는 전혀 도움이 되지 못했다. 한편 스탠턴과 모트는 수잔 앤서니Susan B. Anthony와 함께 여성만을 위한 전국여성참정권협회를 별도로 창설했다. 이 조직의 목적은 미국 헌법을 수정해 여성의 참정권을 헌법에 명시하는 일에 있었다. 그러나 여성 참정권 투쟁의 초반 열기는 남북전쟁 발발로 아쉽게도 노예제 폐지 운동에 집중되고 말았다.

19세기 말과 20세기 초 미국의 여성 참정권 운동의 관심은 온통 주류의 제조 및 판매를 금지하려는 금주 운동에 집중되어 있었다. 많은 여성 인권운동가들이 금주 운동을 지지했는데, 남성의 지나친 음주가 가계 소득에 타격을 줄 뿐만 아니라 가정 폭력을 유발하는 주범이 됐기 때문이다. 결국 주류 판매를 금지하는 수정헌법이 1919년부터 발효되었고 1933년에 다시 폐지되었다.

여성 참정권 투쟁이 승리를 거두기 시작한 것은 주와 지역 단위에서였다. 그리고 이러한 승리 가운데 일부는 1848년 역사적 첫 회합이 있기 이전에 이미 일어났다. 예를 들어 뉴저지에서는 1776년에 이미 250달러 상당의 재산을 소유한 여성에게 투표권을 부여했다. 비록 나중에 다시 권리를 상실했지만 말이다.

1837년에는 켄터키 주에서는 일부 여성에게 교육위원회 선거의 투표권을 부여했고, 캔자스 주에서는 합중국의 주로 편입되던 1861년에 여성에게 이와 동일한 권리를 부여했다. 그리고 1869년에 와이오밍 준주에서 여성이 투표권과 공직 참여권을 획득했고 이는 지금도 전 국민의 승리로 기록되고 있다. 그다음 해에는 유타 준주에서 여성이 투표권을 획득했다. 그 외에도 제1차 세계대전이 일어나기 이전에 콜로라도, 워싱턴, 미시건, 캔자스, 오리건, 애리조나 등 많은 주에서 남성 유권자들이 여성 참정권을 지지하기 위해 투표권을 행사했다.

제1차 세계대전 기간에는 투쟁의 열기가 절정에 이르렀는데, 일부 미국 여성은 영국 여성운동가들의 과격한 전술이었던 공공 건물 앞 난간에 자기 몸을 쇠사슬로 묶는 시위를 했다가 체포되기도 했다.

캐나다 여성의 참정권 운동

캐나다의 여성 참정권 운동은 미국보다 더 많은 우여곡절을 겪었다. 연방 차원에서 여성에게 최초로 투표권을 부여한 것은 1917년 전시 선거 때였는데, 이는 매우 당파적인 이유 때문이었다. 당시 선거에서 쟁점이 되었던 사안은 캐나다가 프랑스 참호에서 싸울 남성을 징집해야 하는지에 관한 것이었다. 진보 보수당 정부는 징집을 찬성하는 소수의 자유당 의원을 영입해서 연합당을 창설했고 그들과 함께 징집 찬성 운동을 펼쳤다.

이때 진보보수당 정부는 선거 발표 직전에 투표법을 개정해서 여성에게 투표권을 주었는데, 군에 복무 중인 남성의 친척이어야 한다는 단서를 달았다. 반면 1902년 3월 이후에 귀화한 사람과 캐나다와 전쟁 중이던 독일과 오스트리아·헝가리 제국 이민자들의 투표권은 박탈했다.

1918년에 의회는 모든 여성에게 캐나다 연방 선거 투표권을 부여하는 법안을 통과시켰고 1919년에 발효되었다. 주별로 살펴보면 1916년에 매니토바, 서스캐처원, 앨버타에서 선거법을 수정해 여성에게 투표권을 부여했다. 그다음 해에는 브리티시컬럼비아와 온타리오에서 동일한 조치를 취했다. 그리고 그 후 5년 동안 노바 스코샤, 뉴 브런즈윅, 유콘 준주, 프린스 에드워드 아일랜드가 이와 유사한 법안을 통과시켰다.

당시 아직 캐나다의 주로 편입되지 않았던 뉴펀들랜드의 경우에는 1925년에 스물다섯 살 이상의 여성에게 투표권을 부여했다. 퀘벡은 1940년에야 비로소 주 중에서 맨 마지막으로 여성에게 주 선거 투표권을 부여했다. 1951년에는 노스웨스트 준주가 여성에게 준주 선거 투표권을 부여했다.

연방 차원에서의 여성 참정권은 획득했지만 그렇다고 법적 불평등까지 완전히 해소된 것은 아니었다. 1927년 캐나다 역사에서 매우 유명한 법정 소송 하나가 제기된 것도 바로 그 때문이다. 다섯 명의 여성 에밀리 머피, 헨리에타 뮤르 에드워즈, 루이즈 매키니, 아이린 팔비, 넬리 매클렁이 이른바 '사람들Persons'이라는 소송을 제기한 것이다. 이 소송은 여성도 캐나다 상원에 임명될 수 있는 권리가 있음을 인정받기 위한 것이었다.

당시 캐나다 헌법이었던 '영국령 북아메리카 조례' 제24항은 상원 임명과 관련된 내용을 다루고 있었다. 그런데 이 소송을 제기한 다섯 명은 이 조항에 명시된 '사람들'이라는 단어에 여성도 포함되는지 명확히 밝히고 싶어했다. 그들의 탄원서는 대법원까지 올라갔고 1928년 3월 14일 마침내 대법원은 이 소송을 심의했다. 결과는 6주 후에 발표되었다. 대법원은 1867년에 발령된 이 영국령 북아메리카 조례가 성문화된 당시에 의거해 해석되어야 한다고 주장하면서 여성은 당시에 정치 활동을 하지 않았기 때문에 상원에 임명될 수 없다고 판결했다.

그러나 법 앞에 도전장을 내밀었던 이 다섯 여성은 포기하지 않고 캐나다의 최종 항소 법원이었던 런던 추밀원 사법위원회에 항소했다. 그리고 1929년 사법위원회 위원들은 만장일치로 "제24항의 '사람들'은 남성과 여성을 모두 포함한다"라고 판결했다. 사법위원회는 공직에서 여성을 배제하는 것은 "지금보다 훨씬 야만적이던 시절의 유물"이라고 말했다.

영국 여성의 참정권 운동

영국의 여성 참정권 운동은 한 세기가 지난 현 시점에서 보더라도 사회 내부에서 일어난 매우 치열한 대결이었다. 이 투쟁은 크게 급진파와 온건파로 나뉘지만 두 진영은 동일한 지적 유산을 공유하고 있었다. 그것은 바로 여성 투표권을 지지했던 존 스튜어트 밀의 19세기 저서들이다. 당시 영국 사회는 귀족과 금융자본가가 결합해서 정치, 경제, 문화 등 사회 전반의 에토스를 장악하고 있었고 이에 반기를 든 민주주의 투쟁이 광범위하게 일어나고 있었다. 여성 참정권 투쟁은 이러한 사회 분위기 속에서 더욱 활기를 띠게 되었다.

급진적인 여성운동가들은 시민불복종 운동에도 참여했다. 그들의 대의명분을 대중에게 알림과 동시에 기존 체제의 기능을 무력화해서 여성의 참정권 문제 해결을 압박하기 위해서였다. 난간에 자신을 쇠사슬로 묶기도 하고 우편물을 불태우기도 했으며 경우에 따라 폭탄을 터뜨리기까지 했다. 경찰에 체포되면 때때로 단식 투쟁을 벌여 항의하기도 했는데, 이 때문에 감옥에서 강제로 떠먹임을 당하는 일도 생겼다.

제1차 세계대전이 발발했을 때 온건파는 여성 참정권 확보를 위한 대중 투쟁을 잠시 유보하기로 결정한 반면, 전투적인 급진파는 투쟁을 멈추지 않았다. 대표적인 지도자들은 팽크허스트 Pankhurst란 이름의 소유자들이었는데, 이 이름은 여성 참정권 투쟁과 연관해 영국인의 마음속에 깊이 아로새겨져 있을 정도이다. 우선 에멀린 팽크허스트와 그의 첫째 딸 크리스타벨 팽크허스트는 온건주의 노선을 택한 여성사회정치동맹Women's Social and Political Union에 참여했다. 그리고 둘째 딸 실비아 팽크허스트는 여성참정권연맹Women's Suffrage Federation을 이끌었다.

한편 제1차 세계대전이 일어남으로써 수십만 명의 여성들이 전선에서 싸우는 남성을 대신해 노동력을 제공해야 했다. 그렇지 않은 수천 명의 여성들 또한 프랑스와 영국에서 부상병을 돌보고 간호했다. 덕분에 여성에 대한 사회 인식은 크게 변화를 겪게 되었다.

결국 1918년에 영국 의회는 여성에게까지 투표권을 확대하는 법안을 통과시켰다. 단, 30세 이상으로 재정상 자격이 있거나 대학을 졸업한 경우에만 해당되었다. 그리고 10년이 지난 1928년이 되어서야 여성은 남성과 동등한 참정권을 인정받았다.

기타 지역의 여성 참정권 운동

성공적인 투쟁으로 여성해방 운동에 두각을 나타낸 나라는 스칸디나비아 반도의 주변국들이다. 그중에서도 특히 주목할 나라는 노르웨이다. 노르웨이는 산업화로 인해 지역 공동체가 남성과 여성 모두에게 일터로서의 입지를 상실하면서 성 역할의 변화를 겪게 되었다.

노동시장에 유입된 여성들은 여권 신장을 위한 조직을 결성했는데, 이는 동일 노동에 대한 동일 임금을 요구함과 동시에 투표권을 확보하기 위해서였다. 이에 따라 1884년에 노르웨이여성인권협회Norwegian Feminist Society가 창설되었다. 다음 해에는 여성의 투표권 투쟁을 중심 과제로 삼은 여성참정권연합Female Suffrage Union이 창설되었다.

동일 임금과 투표권 확보를 위한 이 두 단체의 투쟁은 노르웨이 사회 내부의 갈등을 초래하기도 했는데, 직장에서 여성과 남성이 서로 충돌하는 일도 종종 발생했다. 이러한 분위기 속에서 여성의 참정권을 주장하는 여성들은 여성들이 노르웨이 민주주의를 강화시킬 것이라고 주장했으며, 스웨덴과의 껄끄러운 정치적 연합에서 벗어나기 위한 평화 투쟁에도 기여할 것이라고 주장했다.

1905년에 노르웨이는 독립을 쟁취했고 그로부터 8년 후 제1차 세계대전이 발발하기 바로 전날, 모든 노르웨이 여성은 마침내 투표권을 획득했다. 이는 미국, 캐나다, 영국의 동료들보다 훨씬 앞서 이룬 쾌거였다.

한편, 뉴질랜드 여성은 1893년에 투표권을 획득했고 이어 오스트레일리아와 핀란드 여성들도 투표권을 획득했다. 제1차 세계대전이 끝나갈 무렵과 종전 직후에는 많은 나라에서 여성에게 투표권을 부여하는 조치를 취했는데, 1917년 소련도 여성에게 투표권을 부여했다. 물론 얼마 지나지 않아 남성과 여성을 막론하고 투표권 자체가 무용지물이 되고 말았지만 말이다.

1918년에는 독일, 오스트리아, 폴란드, 체코슬로바키아에서, 1919년에는 헝가리에서, 1932년에는 우루과이와 태국에서, 그리고 1934년에는 터키, 브라질, 쿠바에서 여성에게 투표권을 부여했다. 제2차 세계대전이 끝나갈 무렵과 종전 직후에는 프랑스와 이탈리아, 그리고 중국에서 여성의 참정권을 인정했다. 인도는 1949년에 여성 참정권을 헌법에 명시했으며 파키스탄은 1956년에 인정했다. 스위스 여성은 1971년에 연방과 대부분의 주에서 투표권을 획득했다.

1952년에 유엔은 '여성의 정치적 권리에 관한 협약Convention on the Political Rights of Women'을 채택했다. 이 협약에 따르면 여성은 모든 선거에서 남성과 동등하게 그 어떤 차별 없이 투표할 권리를 부여받는다. 그럼에도 오늘날까지 많은 국가의 여성들이 남성과 동등하게 투표권을 행사하지 못하고 있다. 특히 페르시아

만 주변국의 대부분 여성들은 아직까지도 이런 차별에 시달리고
있다.

소수 인종의 민주적 권리를 위한 투쟁

소수 인종과 소수 종교 구성원을 위한 민주적 권리 투쟁도 우리에게 민주주의에 대해 다시 한 번 생각해볼 기회를 준다. 민주주의가 다수의 권리만을 위한 것이 아님을 말이다. 예를 들어 유권자 대다수가 유대인과 회교도, 그리고 유색인종의 정치적 권리를 억압하는 주장을 지지한다면 그것은 과연 진정한 민주주의라고 할 수 있는가?

이 질문은 그냥 한 번 던져본 것이 아니다. 역사적으로 수많은 정권들이 소수자의 정치적 권리를 부정했다. 18세기 영국의 경우 로마 가톨릭교도들은 하원 의원에 대한 선거권도 피선거권도 없었다. 또 유대인은 많은 국가에서 투표권을 금지당했으며, 영국에서만 해도 1858년까지는 하원 의원으로 선출되어 취임 선서를 할 권리가 없었다.

노예제 폐지를 둘러싼 남북전쟁의 발발

참정권과 남성과의 동등한 권리를 쟁취하기 위한 여성운동은 사회에 큰 변화를 몰고 왔다. 그러나 인간의 기본권과 정치적 권리를 쟁취하기 위한 소수 인종의 투쟁도 결코 그에 뒤지지 않았다.

서구 사회에서 아프리카계 미국인의 괄목한 만한 투쟁은 노예제 반대를 시작으로 인종분리 반대, 그리고 백인과 동등한 권리 획득을 위한 투쟁으로 이어졌고, 이는 미국 사회는 물론 많은 국가에 지대한 영향을 미쳤다.

남부의 노예주와 북부의 자유주 사이의 갈등은 건국 초기부터 피할 수 없는 현실이었다. 정치 지도자들은 노예제 문제 때문에 연방이 분열되고 급기야 남부가 분리 독립하는 상황을 막기 위해 온갖 노력을 기울였다. 그럼에도 불구하고 1850년대의 미국 사회는 10년 후에 일어날 대격돌을 향해 나아가고 있었다.

북부 주민들은 남부에서 도망친 노예를 다시 남부의 주인에게 돌려보내라는 '도망노예법'에 분개했다. 노예제 폐지 운동이 국민 다수로부터 지지를 얻은 것은 아니었지만 노예제 폐지론자들은 북부에서 점차 세력이 막강해졌고 집요해졌다.

정치적 긴장감이 고조되자 구정당, 즉 민주당과 휘그당은 내부 분열을 겪었다. 이런 틈에 신당인 공화당이 1850년대부터 북부와 중서부에서 두각을 나타내기 시작했다. 공화당은 노예제 폐지를 지지하지는 않았지만 남부 고유의 노예제가 새로운 주에까지 확대되는 것은 막으려 했다. 한편 남부에서는 새로운 정치 세력이 등장했는데, 이들은 남부 고유의 생활방식을 열정적으로 옹호했고 그 어떤 도전에도 굴하지 않으며 노예제를 계속 존속시키고자 했다.

1869년 대통령 선거는 공화당 후보였던 아브라함 링컨Abraham Lincoln의 승리로 막을 내렸다. 당시 네 명의 쟁쟁한 후보자들이 출마했는데, 링컨은 비록 적은 표이긴 했지만 대통령이 되기에 충분한 표를 주와 선거인단으로부터 확보해서 대통령에 당선되었다. 그러나 대선에서 승리한 지 몇 달이 지나지 않아 1861년 3월 대통령 취임식이 거행되기도 전에 최남부에 위치한 일곱 개주가 연방에서 탈퇴하고 말았다. 그 뒤를 따라 버지니아를 포함한 여섯 개 주가 또다시 연방 탈퇴를 선언했다. 그리고 버지니아주의 수도였던 리치몬드가 새로 구성된 남부연합의 수도로 결정되었다.

그 결과 남북전쟁이 발발했고 4년 동안 치열한 접전이 벌어졌다. 사상자를 놓고 봤을 때 남북전쟁은 미국 역사상 가장 값비싼 대가를 치른 전쟁이었다. 남부는 탈퇴할 권리를 위해 싸웠고 북부는 연방을 유지하기 위해 싸웠다. 노예제가 비록 전쟁의 유일한 명분은 아니었지만 이 전쟁에서 가장 중요한 명분이었던 것은 확실하다.

아프리카계 미국인에게 봄은 왔는가

1863년 1월 1일에 연방 정부는 노예해방 선언을 발표했다. 이 포고령에서 "반란 상태에 있는 주에 거주하는 모든 노예는 이제, 그리고 앞으로도 영원히 자유다"라고 선언했다. 그러나 이 선언은 당시 남부의 주에 거주하는 노예들에게까지 효력을 미친 것은 아니어서 결과적으로 보면 이 선언 직후에 해방된 노예는 하나도 없는 셈이었다. 하지만 향후 연방군이 점령하는 지역에서는 노예가 해방될 것이며 연방의 승리는 노예제 폐지를 뜻함을 확인시켜주는 선언이었다.

1865년에 전쟁이 연방의 승리로 끝나자 순식간에 개혁이 이루어졌다. 종전 후 재건을 표방하던 시절에는 자유를 얻은 아프리카계 미국인의 정치적 권리가 주요 쟁점으로 부각되었다. 1865년에는 노예제를 금지하는 수정헌법 제13조가 발효되었고, 1868년 7월에는 미국에서 태어났거나 귀화한 모든 사람에게 완전한 시민권을 부여하는 수정헌법 제14조가 발효되었다. 이 조항의 목적은 노예였던 사람에게 완전한 권리를 부여함과 동시에 남부연합에 속한 주들이 이러한 권리를 축소하는 법을 제정하지 못하게 하기 위해서였다. 그리고 재건 수정헌법의 마지막을 장식했던 제15조가 1870년 2월에 발효됨으로써 노예 신분에서 벗어난 아프리카계 미국인은 투표권을 얻게 되었다.

그러나 아프리카계 미국인이 고대하던 봄은 이내 허상임이 드러났다. 남부연합이 무너진 후 얼마 되지 않아 남부의 흑인 탄압은 다시 고개를 들었고 거의 반세기 동안 지속되었다. 수정헌법 조항과 정치인들의 재건 노력에도 불구하고 남부의 여러 주에서는 또다시 흑인을 이등 시민의 지위로 떨어뜨리고 두려움에 떨게 만드는 메커니즘을 확립하려는 움직임이 강하게 일었던 것이다.

남부 백인 사회의 엘리트 계급은 이러한 일련의 과정이 얼마나 위험한 일인지 직감했다. 남부 대부분 지역에서 흑인들이 지역 인구의 상당 부분을 차지하고 있었기 때문이었다. 만일 그들이 정치적 권리를 확보하겠다고 마음만 먹으면 상당수가 지역, 주, 연방 정부의 직위에 선출될 수도 있고 그로 인해 권력 구조가 현격하게 바뀔 수도 있음을 그들은 알았다.

인종분리 철폐를 위한 지치지 않는 투쟁

노예 상태에 있던 흑인과 손을 잡은 정당은 노예를 해방시킨 링컨의 공화당이다. 이런 이유로 흑인 해방을 단호히 저지하려는 백인들은 공화당원들을 그들의 공격 목표로 삼았다. 남북전쟁이 종결된 그다음 해인 1866년에 백인우월주의자들은 테네시 주에 위치한 풀라스키에서 큐클럭스클랜이란 단체를 결성했다. 이 단체의 목적은 해방된 노예를 억압하고 그들에게 잠재되어 있는 정치적인 힘을 빼앗아 남부의 생활방식을 그대로 유지하는 것이었다.

재건 시기에 남부의 공직에 오른 몇 안 되는 아프리카계 미국인은 선거로 선출되었든 임명이 되었든 상관없이 그들의 자리에서 순식간에 내몰리게 되었다. 당시 흑인에게 공직의 기회는 적어도 향후 100년 동안은 찾아올 것 같지 않았다.

남부의 백인 기득권 세력은 흑인만을 위한 소외되고 비참한 세계를 창조했다. 백인 소유의 면화나 사탕수수 대농장에서 일하는 흑인들은 거의 노예와 다름없는 처지에서 계약 노동에 시달렸고 이는 사회적으로 당연시되었다.

백인 소유주는 그들의 대농장을 마치 기업 도시처럼 운영했다. 흑인 소작농이나 노동자에게 음식, 옷, 연료 등과 같은 최소한의 생필품을 제공하고, 이 생필품에 대해 그들이 노동의 대가로 지불하는 것보다 더 높은 가격을 청구했다. 결국 노동자들은 평생 빚을 지고 살아야 했고 주인을 위해 계속 노동을 해야만 하는 처지에 놓였다.

그리고 수정헌법 제15조에 따라 흑인에게도 투표권이 부여되었지만 이는 남부의 대부분 지역에서는 무용지물이었다. 물리적 협박은 물론 읽기, 쓰기 시험을 통과해야만 투표 자격이 있다고 조건을 내걸었던 것이다. 그런데 이 시험은 아무리 읽고 쓸 줄 알아도 통과할 수 없는 시험이었다. 그 외에도 인두세 납부와 일정 정도의 재산을 자격 조건으로 내걸어 흑인의 투표권 행사를 저지했다.

남부의 대부분 지역은 민주당만이 경쟁력을 갖게 됨으로써 일당 체제의 주가 되고 말았다. 공직에 취임하기 위한 실질적인 경쟁도 민주당과 공화당과의 경쟁이 아니라 민주당원끼리의 경쟁이었다. 실제로 1960년대 이전까지 남부 지역의 민주당은 모두 백인당이었다. 당원들은 하나같이 흑인이 백인 사회에 근접하지 못하게 흑인만을 위한 구역을 따로 조성해야 한다는 인종 분리의 명분을 위해 헌신했다.

인종분리는 경제적 능력과 상관없이 흑인이라면 누구나 그들만의 공동체에 따로 거주함으로써 백인 공동체의 주택가에 근접하지 못하게 하는 것을 뜻했다. 흑인 교육은 백인에게 부여되는 최소한의 교육보다 훨씬 열등한 수준에서 이루어졌다. 이러한 차별은 1896년에 연방대법원의 '플레시 대 퍼거슨Plessy V. Ferguson 판결'로 인종분리가 합법화되면서 더욱 공고해졌다.

이 소송은 원고인 플레시가 루이지애나 행 기차의 일등석 표를 구매한 일에서 발단이 되었다. 사실 플레시는 조상의 8분의 7이 백인 혈통이었지만 루이지애나 법에서는 조상이 조상의 8분의 1이라도 아프리카계 미국인 혈통인 사람은 백인이 아닌 것으로 간주했다. 이 때문에 플레시는 백인만을 위한 객차에 앉을 권리가 없었다.

결국 이 소송은 연방대법원에까지 올라갔고 대법원은 플레시의 권리는 제한되지 않는다고 판결했다. 즉, 분리되지만 평등하다는 것이다. 이에 따라 루이지애나 주는 백인과 백인이 아닌 사람을 합법적으로 분리할 수 있게 되었다.

이러한 법적 판결로 인종분리는 수십 년 동안 계속 이어졌다. 흑인은 백인과 분리된 객차에 타야 했고 공공건물에서는 따로 분리된 화장실을 사용해야만 했다. 버스를 탈 때는 흑인 전용 버스를 타야 했으며 그 외의 교통수단을 이용할 때도 분리된 공간을 이용해야만 했다. 또 흑인만을 위한 학교에 다녀야 했고 백인을 위한 유흥시설에도 입장할 수 없었다.

흑인은 그들이 처한 상황에 대해 항의하는 것은 물론 권리를 주장하는 것조차 무참하게 짓밟혔다. 심지어 일부 백인들은 작당하고 흑인에게 린치를 가하곤 했다. 흑인 희생자가 불법을 저질렀기 때문이라고 둘러대는 경우도 있었지만 대부분은 그런 구실조차 없이 살인 행각이 광범위하게 일어났다.

터스키키 대학에 따르면 1880년에서 1951년 사이에 3437명의 아프리카계 미국인이 린치를 당했으며, 이러한 살인 행각은 19세기 말에 그 수가 정점에 달했다. 단일 린치 사건으로 가장 끔찍했던 사례는 1873년 루이지애나 콜팩스에서 일어났는데, 콜팩스 대학살로도 알려져 있는 이 사건으로 280명이나 되는 아프리카계 미국인이 살해되었다.

흑인 살해는 점차 줄어들었지만 제2차 세계대전 중에도 인종 분리는 여전히 계속되어 군대에서조차 인종에 따라 부대를 따로 편성할 정도였다. 그뿐만이 아니었다. 전쟁 중 미군이 영국에 주둔하게 되었는데, 미군이 주둔한 그 지역의 술집은 흑인과 백인 군인의 방문 시간을 따로 정해야 했다. 영국은 인종분리 정책을 펼치지 않는 나라였지만 미군이 영국 기관에 자기들의 지침을 따라줄 것을 요구했던 것이다.

미국은 1950년대에 이르러서야 처음으로 남부의 분리 정책을 철회하기 위한 조치가 취해졌다. 이 조치의 발단이 되었던 사건은 1951년에 캔자스 토페카에 거주하는 부모들이 그들의 자녀를 대신해 시교육위원회를 상대로 제기한 소송이었다.

이 소송은 원고들 중 한 사람인 올리버 브라운Oliver L. Brown이라는 이름으로 제기되었는데, 그는 아프리카계 미국인 철로 용접공이었다. 그들은 교육위원회가 인종분리 정책을 철회하고 학생들이 자신들에게 가장 편리한 학교에서 공부할 수 있도록 해야 한다고 요구했다. 이에 대해 지방법원은 연방대법원의 플레시 대 퍼거슨 판결을 선례로 인용하면서 교육위원회에게 승소 판결을 내렸다. 그러나 1954년에 연방대법원은 그 소송을 재검토한 브라운에게 승소 판결을 내렸다.

하지만 연방대법원의 이러한 역사적 판결로도 인종적으로 분리된 식당과 화장실을 유지하고자 하는 사람들의 권리를 빼앗지는 못했다. 또한 남부 학교의 인종분리 정책을 즉각적으로 철회시키지도 못했다. 남부에 위치한 학교들은 대부분 계속 인종분리주의를 고집하다가 1970년경에 와서야 이를 반대하는 격렬한 정치 투쟁에 굴복했다. 그러나 아프리카계 미국인이 완전한 권리를 성취하는 과정에서 이 판결이 결정적인 역할을 했음에는 의심의 여지가 없다.

아프리카계 미국인의 정치적 성장

아프리카계 미국인에게 인종분리의 철회와 정치적 권리의 확보는 획기적인 진일보였다. 그러나 이러한 진보 이후 수십 년 동안 정치적 반동이 계속해서 일어났다. 민주당의 인종분리주의 옹호론자들에게 충성을 다했던 남부 백인들은 일제히 공화당 지지 세력으로 둔갑했으며 신 우익 세력이 성장하기 시작했는데, 그 대부분이 공화당원이었다.

그들은 빈곤과의 전쟁, 소수 집단 우대 정책, 부양 아동이 있는 가정지원 등에 대해 공격을 퍼부었다. 이러한 프로그램의 수혜자가 대부분 흑인이었던 것이다. 빈곤과의 전쟁과 소수 집단 우대 정책은 1964년에 린든 존슨 대통령이 시작했고 부양 아동이 있는 가정지원 프로그램은 1930년대 뉴딜 정책으로까지 거슬러 올라간다.

이후에도 소득과 부의 측면에서 볼 때 흑인과 다른 미국인과의 격차는 쉽게 좁혀지지 않았다. 흑인 또한 자신들에게 정치적 힘이 부족함을 깨달았다. 민주당이 흑인들의 표는 당연하게 여긴 반면, 교외 지역에 거주하는 백인 여성을 뜻하는 사커맘soccer mom의 표는 선거 결과를 결정짓는다고 생각했기 때문이다.

그러나 선거권은 잘만 이용하면 가공할 만한 무기로 바뀔 수 있다. 이는 아프리카계 미국인이 시장으로 선출된 대도시 선거를 통해 그 무기가 얼마나 위력적인지 입증되었다.

2004년에 시카고 출신의 젊은 아프리카계 미국인인 정치가 버락 오바마가 민주당 전당대회에서 정치개혁의 길을 제시하면서 감동적인 연설을 했다. 2008년 민주당 대통령 후보 선거 운동에서는 놀라울 정도로 많은 연합 세력을 결집시켰는데, 이는 아프리카계 미국인 지도자들 중에는 전례가 없는 일이었다. 물론 신중한 정책 결정이라든가 거액의 정치 후원금 확보 등을 봤을 때 일리노이 주 상원 의원이었던 그는 여러모로 전형적인 주류 민주당원이었다.

그러나 변화와 희망을 전하는 그의 메시지는 1960년대 이후에는 볼 수 없었던 방식으로 수많은 젊은이들의 지지를 이끌어냈다. 카리스마 넘치는 지도자인 오바마는 이제 아프리카계 미국인도 정치적 임무를 수행하는 국가 최고의 자리를 놓고 충분히 경쟁할 수 있음을 입증한 것이다.

개인은 국민 다수가 뽑은 정부에 저항할 권리가 있는가

1846년 뉴잉글랜드 출신의 작가 헨리 데이비드 소로는 매사추세츠 주 정부에 인두세를 내지 않은 죄로 하룻밤을 감옥에서 보낸 일이 있었다. 당혹스럽게도 친척이 그를 대신해 세금을 내는 바람에 바로 그다음 날 풀려났지만 말이다. 그는 자신의 에세이 〈시민불복종 Civil Disobedience〉에서 세금을 내지 않은 이유를 설명했다. 이 에세이는 세계적인 고전으로 손꼽힐 뿐만 아니라 모한다스 간디와 마틴 루터 킹이 전개했던 정치적 운동의 책이기도 했다.

소로가 인두세 납부를 거부한 것은 미국이 1846년에서 1848년 사이에 멕시코를 상대로 벌인 전쟁에 반대한다는 자신의 뜻을 밝히고자 함이었다. 그는 이 세금을 노예제와 연결시켰다. 그러나 좀 더 광범위한 측면에서 보면 그는 정부의 정통성에 이의를 제기하고 개인과 국가의 관계에 대해 근본적인 질문을 제기하고자 한 것이었다.

〈시민불복종〉의 내용 중에서도 가장 중요하고 논쟁의 소지가 많았던 주장은 개인은 국가 정책이 도덕적으로 옳지 못하다고 믿을 때 국가에 저항할 권리와 의무가 있다는 것이었다. 심지어 국민이 선출한 정부가 통치하는 민주주의 국가라고 할지라도 말이다.

소로의 〈시민불복종〉은 민주주의에 내재된 근본적인 난제를 제기하고 있다. 또 이 책을 통해 표면화된 문제들은 당시는 물론 오늘날까지도 격렬한 논쟁거리가 되고 있다. 개개인은 국민 다수가 뽑은 정부에 저항할 권리가 있는가? 또 국민의 뜻을 실행하는 정부의 의지에 저항할 권리가 있는가? 국민의 손으로 뽑은 정부가 결정한 사안에 대해 개인이 도덕적 양심에 따라 저항하는 것을 두고 과연 엘리트주의적이며, 이기적이며, 비민주적이며, 오만한 것이 아니라고 말할 수 있는가?

"내가 책임질 권리가 있는 의무는 오직 내가 옳다고 생각하는 일을 언제든 행하는 것뿐이다"라고 기술하면서 소로는 법에 대한 불복종을 정당화했다. 이 말은 오늘날까지 권리를 위해 투쟁하는 사람들 사이에서 회자되고 있으며 전 세계의 정치 운동에 막대한 영향을 끼쳤다.

간디는 "소로는 위대한 작가이고 철학자이며 시인이었고 무엇보다도 실천을 매우 중시하는 사람이었다. 다시 말해서 그는 자신이 먼저 실천할 준비가 되어 있지 않으면 그것이 무엇이든 결코 가르치지 않았다"라고 말했다. 마틴 루터 킹도 자서전에서 소로의 저항이 '창의적인 저항의 유산'임을 인정했다. 또 "나는 악과 협력하지 않는 것은 선과 협력하는 것만큼이나 도덕적인 의무라고 확신하게 되었다"라고 단호히 밝힌 바 있다.

간디와 마틴 루터 킹은 시민불복종 운동이 비폭력적이어야 한다고 주장했다. 그러나 비폭력을 지향할지라도 시민불복종 운동은 민주주의와 항상 불편한 관계를 유지할 수밖에 없다. 이것이 단순히 저항할 권리만을 뜻하는 것이 아니기 때문이다. 저항할 권리란 자유롭게 말할 권리가 있다고 주장하는 것에 지나지 않는다. 그것도 민주주의 옹호자라면 결코 반대하지 않을 일에 대해서 말이다.

반면 시민불복종은 이러한 차원을 넘어서 국가의 법과 정부의 명령에 도전할 권리, 그리고 그런 것들을 따르지 않을 권리까지 말한다. 과연 이러한 철학을 민주주의자가 양심상의 이유로 용납할 수 있을까?

다음은 시민불복종 운동의 대표적인 사례이다. 1955년 12월 1일에 앨라배마 주 몽고메리에서 42세의 아프리카계 미국인 재봉사였던 로자 팍스Rosa Paks가 집으로 가는 버스에 올라탔다. 그런데 그녀는 흑인은 버스 뒷자리에 앉아야 하고 백인이 자리를 원하면 양보해야 하는 당시의 일반화된 규칙을 따르길 거부했다. 어느날 그녀는 자기 자리를 백인에게 양보하지 않은 채 태평스럽게 앉아 있다가 신고를 받은 경찰에 의해 체포되는 일이 발생했다.

당시 앨라배마의 아프리카계 미국인에게는 투표권이 없었지만, 어찌 됐든 그 정부는 유권자 다수에 의해 선택된 정부였다. 그런데 그런 사회에서 통용되는 규칙을 지키길 거부한 것이다.

이러한 행동은 사회 운동을 크게 촉발시켰다. 몽고메리의 덱스터 애비뉴 침례교회의 목사였던 마틴 루터 킹은 곧바로 다른 아프리카계 미국인 공동체 지도자들과 힘을 합쳐 그를 지지하는 저항 운동을 조직했으며, 그들은 일관되게 '보이콧'이란 무기를 사용했다. 팍스가 체포된 지 얼마 지나지 않아 아프리카계 미국인들은 그들을 이등 시민으로 전락시키는 규칙들이 폐지될 때까지 몽고메리의 버스를 이용하지 않기로 결정했다. 대신 대체 교통수단으로 자전거와 몇 대의 자동차, 그리고 경우에 따라 운송용 가축을 제공했고 대부분은 걸어 다녔다. 버스 승객의 상당수가 아프리카계 미국인이었기 때문에 그 결과는 매우 성공적이었고 버스 회사의 수익은 급감하고 말았다.

이러한 보이콧을 저지하기 위해 몽고메리의 백인 기득권 세력은 악랄한 방법을 동원했다. 지도자들을 검거했고 길에서 대체 교통수단을 기다리는 사람들을 체포해서 부랑죄로 기소하기도 했다. 심지어 폭탄을 이용해 마틴 루터 킹의 집을 습격하기까지 했다. 그러나 이러한 탄압에도 저항 운동은 쉽게 수그러들지 않았다.

보이콧이 시작된 지 1년가량 지난 뒤 버스 회사의 기세는 눈에 띠게 꺾였고 아프리카계 미국인들은 백인 승객과 동등하게 버스에 탑승할 수 있게 되었다. 그리고 이러한 투쟁의 촉매제가 되었던 로자 팍스는 아흔두 살로 삶을 마감할 때까지 시민운동의 위대한 영웅으로 기억되었다.

시민불복종 운동은 격렬한 논쟁의 불씨가 되었을 뿐만 아니라 다양한 문제를 끊임없이 제기했다. 예를 들어 1960년대와 1970년대 베트남 전쟁 당시 미군으로 징집된 수천 명의 젊은이들이 조국을 떠나 캐나다로 망명한 일이 있었다. 이 망명자들과 군대에서 도망친 미군 탈영병들은 베트남 전쟁이 부당한 싸움이기 때문에 양심상 전쟁에 동참할 수가 없다고 주장했다.

캐나다 의회는 이러한 징집 기피자들과 탈영병들이 캐나다 땅에 머물 수 있게 허락했다. 그 가운데 수천 명은 1994년 클린턴 행정부의 사면 조치로 미국으로 돌아갔다. 그러나 그보다 더 많은 사람이 캐나다 시민권을 획득했고 새로운 조국의 발전을 위해 다양한 분야에서 눈부신 활약을 하고 있다.

2003년 미국의 이라크 침략 이후에도 소수의 미군이 탈영해서 캐나다로 도피했으며 그곳에서 난민 지위를 요청했다. 그러나 이번에는 거부당했다. 2008년 여름에 캐나다 이민국과 법원은 캐나다로 도망친 첫 탈영병들 중 한 명에게 6주 안에 캐나다를 떠날 것을 명령했다.

4장

소련과
동유럽에 불었던
민주화 바람

◇･◇･◇･◇･◇･◇･◇･◇･◇

과거에는 많은 사람이 소련을 민주주의의 의미를
확대시킬 세계혁명의 선구자라고 생각했다.
그러나 평화혁명 이후 동유럽 공산주의 국가들은 물론
소련마저도 차례로 와해됐다.

◇･◇･◇･◇･◇･◇･◇･◇･◇

정치개혁 의지를 짓밟은 소련의 전체주의적 독재

1980년대 말과 1990년대 초에 동유럽에서는 평화혁명이 연이어 일어났다. 그 과정에서 소련의 지원을 받던 동유럽 공산주의 국가들은 물론 소련마저도 차례로 와해됐다. 이 놀라운 대변혁의 시기에 수백만 명의 사람들이 거리 시위에 참여했는데, 그들 가운데 시민 사회의 중심축이 되는 핵심 계층이 있었다. 노동조합원, 기독교인, 시민자유주의자, 지식인 등이 바로 그들이다.

동유럽 혁명 이후 수십 년이 지난 지금에 와서 보면 매우 의아하게 생각되는 일이지만, 사실 과거에는 많은 사람이 소련을 민주주의의 의미를 확대시킬 세계혁명의 선구자라고 생각했다. 소련은 1917년 11월 러시아 혁명 이후에 권력을 장악한 볼셰비키 공산주의 정권을 시작으로 그 기틀이 확립되었다. 따지고 보면 11월 혁명은 민주주의 투쟁과 소작농 해방 투쟁, 그리고 19세기 중반부터 이미 시작된 사회주의 투쟁의 정점을 장식한 투쟁이다.

1905년에 노동자, 노동조합원, 민주주의자, 사회주의자 등이 대규모 반란을 일으켜 차르 독재 정권을 붕괴 직전으로 몰고 갔다. 설상가상으로 1917년 2월에 러시아는 제1차 세계대전을 치르면서 발생한 대규모 사상자로 휘청거렸고 수백만 명의 국민이 식량 부족으로 신음했다. 이런 상황에서 러시아는 그해 두 번의 혁명을 치렀다.

그중 첫 번째로 일어난 2월 혁명은 제정 러시아의 마지막 황제 니콜라스 2세 정권을 무너뜨렸다. 뒤를 이어 권력을 잡은 사람은 알렉산더 케렌스키다.

케렌스키는 러시아에 자유 민주주의 정권을 수립하기 위해 헌신했던 인물이며 분열로 위태하던 군 연합 세력의 지도자였다. 그러나 케렌스키 임시 정부는 민의를 거스르고 독일과 오스트리아·헝가리 제국에 맞서 싸우던 연합군에서 러시아의 지위를 고수하겠다고 결정을 내림으로써 숙명적인 결과를 맞이했다. 이 결정은 11월 볼셰비키 혁명의 길을 터주는 꼴이 되고 말았다.

블라디미르 일리치 레닌의 지휘 아래 볼셰비키가 권력을 잡았을 때 전 세계 마르크스주의자들과 그 외의 수많은 사회주의자들은 이제 민주주의가 꽃필 수 있을 것이라고 믿었다. 프랑스 혁명에 담긴 이상을 초월하는, 그리고 인류 역사상 최초로 노동자 계급의 이익을 위해 헌신하는 정권이 권력을 잡는 그런 민주주의 말이다. 그러나 그런 일은 일어나지 않았다. 대신 혁명 정권 초기에 발발한 내전과 1920년대의 정치 격동기를 거치면서 공산당 제1서기장이었던 조셉 스탈린이 정권을 잡았다. 그리고 그의 전체주의적 독재는 민주주의를 향한 희망을 송두리째 앗아가고 말았다.

1930년대 중반에 소련은 세계에서 가장 민주적인 국가인 것처럼 보이는 헌법을 채택했다. 이 헌법에는 국민이 자유롭게 말할 권리, 결사할 수 있는 권리, 국민이 원하는 것을 출판할 권리 등이 상세하게 명기되어 있었다. 그러나 이러한 권리 중 어느 하나라도 추구하려는 시민이 있다면 그는 엄청난 위험을 각오해야 했다. 스탈린 치하에서는 자유롭게 말할 권리도, 출판하거나 결사할 권리도 없었다. 이는 공산당 최고위층도 마찬가지여서 스탈린과 권력 경쟁을 벌인 공산당 최고위층 지도자들은 대부분 스탈린의 명령으로 체포되어 사형을 당했다.

소련의 독재는 1953년 스탈린이 사망할 때까지 철옹성처럼 유지되었다. 그 무렵 소련은 서구 선진국들과 함께 제2차 세계대전에 참전해서 나치 독일을 물리쳤다. 그리고 1945년에 전쟁이 끝났을 때 동독을 비롯해 거의 모든 동유럽 국가를 점령했다. 곧이어 동유럽 국가에는 소련에 권력이 종속된 위성 정권이 들어섰다. 이에 반발한 동유럽 국가 시민들은 소련으로부터 자유를 찾기 위해 투쟁했다. 동독은 1953년에, 헝가리는 1956년에, 체코슬로바키아는 1968년에 반란을 일으켰다. 그러나 그런 일이 발생할 때마다 소련은 군대를 보내 그들의 정치개혁 의지를 무참하게 짓밟았다.

소련과 동유럽 국가의 개혁 운동

1980년대 초반 폴란드에서는 연대Solidarity라고 불리는 자유노조 운동단체가 그단스크 조선소 노동자였던 레흐 바웬사Lech Walesa의 지휘 아래 조직되었다. 폴란드 정부 일각에서는 연대 노조의 영향력을 축소하려고 갖은 애를 썼지만 세력의 확대를 막지 못했다. 그리고 1989년에 부분적이나마 민주적인 선거가 실시되었다. 의석 대부분이 공산당과 그 동맹 세력에게 따로 배정되어 있었지만 연대 노조는 진정한 경쟁으로 의석을 휩쓸었다.

그 결과 연대 노조의 지휘 아래 새로운 정부가 들어섰다. 1990년에 레흐 바웬사는 대통령으로 선출되었고 다음 해에 진정한 민주적 의회 선거가 치러졌다. 한편 소련 정부는 민주주의로 한 걸음씩 다가가는 이러한 조치들을 간섭하거나 막으려 하지 않았다.

철의 장막 뚫리다

1985년 소련 정부는 공산당 서기장이 된 미하일 고르바초프가 진두지휘하고 있었다. 고르바초프는 소련이 경제적으로나 사회적으로 심각한 위기에 처해 있을 뿐만 아니라 서구 사회에 비해 과학기술이 많이 뒤처져 있음을 인식했다. 이에 페레스트로이카perestroika라고 불리는 경제 개혁과 글라스노스트glasnost라고 불리는 정치 개방을 단행했다. 그는 이러한 변화 없이는 공산주의의 생존 자체가 위협을 받게 될 것이라고 믿었다.

개혁 운동은 폴란드를 시작으로 소련은 물론 헝가리, 동독, 체코슬로바키아, 그 외 동유럽 국가로 퍼져 나갔다. 1989년 여름에 헝가리 정부는 사람들이 자국을 통해 서쪽으로 빠져 나가는 통로를 막지 않기로 결정했다. 한때 물 샐 틈조차 없었던 '철의 장막'에 구멍이 뚫린 것이다.

그러자 수십만 명의 동유럽 사람들이 연례 휴가차 헝가리로 여행을 와서는 이 통로를 통해 쉴 새 없이 빠져나갔다. 그리고는 오스트리아행 기차에 올라탔다. 한편 동독에서는 라이프치히, 동베를린, 그리고 그 외의 도시에 위치한 주요 교회를 중심으로 민주적 개혁 운동이 형태를 갖추기 시작했다. 또 반정부 시위자들이 거리에 나와 전례 없는 대규모 평화 시위를 벌였다.

고르바초프의 영향권 안에 있던 소련의 공산당 정권은 이러한 개혁 운동을 탄압하지 않았다. 지역 군인과 경찰, 그리고 무엇보다도 소련의 붉은 군대가 과거와 달리 반정부 세력을 억누르지 않았던 것이다. 그러나 모든 공산주의 정권이 소련 정부의 이러한 정책 변화를 수용한 것은 아니다. 이는 1989년 6월에 중국에서 일어난 비극적인 사건을 통해 명백히 알 수 있다.

사건의 발단은 민주적 변화를 요구하는 수천 명의 사람들이 중국 수도의 심장부에 위치한 천안문 광장을 점령하면서 일어났다. 한동안은 동유럽뿐만 아니라 중국에서도 평화롭게 개혁을 이루어낼 수 있을 것처럼 보였다. 처음에 파견된 군부대가 천안문 점령 시위를 진압하기 위해 배치되었을 때조차도 군인들은 시위자들에게 친절하게 대했고 매우 평화롭게 보였다. 그런데 바로 그때 살상무기가 등장했고 새로운 부대가 광장에 배치되었다. 이 사태로 수백 명의 시위자들이 사망했으며 수백 명 이상이 투옥되고 일부는 소식조차 알 수 없게 되었다.

베를린 장벽 무너지다

동독에서는 1989년 가을에 위기가 표출되었다. 당시 미하일 고르바초프가 동독 건국 40주년 기념행사에 참가하기 위해 동베를린을 방문해 동독 정권의 수장이며 강경파 독재자였던 에릭 호네커를 만났으나 결국 이 만남은 두 지도자의 의견이 서로 다르다는 사실만을 확인시켜주었다.

호네커는 거의 30년 동안 냉혹하게 국정을 운영했다. 조금이라도 저항의 조짐이 보이면 가차 없이 철퇴를 가했고 정권을 비판하는 저작물은 출판을 금지했으며 공산주의 교리에 어긋나는 공연은 금지했다. 이러한 억압적인 정부의 중심에는 동독의 비밀경찰 슈타지Stasi가 있었다.

이 비밀경찰 조직은 수십만 명에 이르는 시민들의 정보 파일을 수집하고 보관했다. 이 파일들은 아직까지 남아 있으며, 자신과 동료들, 그리고 가족들에 대해 슈타지가 기록한 내용을 보고 싶으면 언제라도 볼 수 있다. 그러나 국민을 억압하는 데 이용되었던 가장 중요한 도구는 1961년에 호네커의 지휘 아래 세워진 베를린 장벽이었다.

동베를린과 서베를린을 가르는 이 장벽은 수십만 명의 동독인이 매년 서베를린으로 빠져나가는 것을 막기 위해 세워졌다. 즉, 베를린 장벽이 세워지면서 탈출은 곧 죽음을 뜻하는 것이 되었다. 실제로 장벽이 완공된 1961년 8월부터 1989년 11월까지 서독으로 탈출을 시도했다가 살해되거나 죽은 사람은 171명에 이르렀다.

반정부 시위대 규모는 날이 갈수록 불어났다. 특히 라이프니치에서는 처음에 7만 명이었던 시위자들이 일주일이 지나자 30만 명으로 늘었고 이후 100만 명에 육박했다. 격렬해지는 시위에 당황한 동독 정부는 정권을 유지하기 위해 몸부림쳤다.

그 와중에 에릭 호네커가 보안군 부대에게 시위대를 향해 발사하라는 명령을 내렸다는 소문이 돌기 시작했다. 결국 호네커는 완전히 신임을 잃게 되었고 10월 중순 동독 공산당의 최고 결정기구인 중앙위원회로부터 축출되었다. 후임으로 전 안보장관 에곤 크렌츠Egon Krenz가 임명되었는데 그는 자신이 미하일 고르바초프의 정책을 지지하는 개혁가라고 주장했으며 변화와 대화를 약속했다.

그러나 크렌츠는 자유선거와 여행의 자유를 요구하는 국민의 목소리가 날로 커지는 것을 막을 수 없었다. 마침내 1989년 11월 9일에 동독의 국경수비대는 상부의 명령에 따라 동베를린 시민들이 베를린 장벽에 위치한 검문소 '체크포인트 찰리'를 통과하도록 허락했다. 베를린 장벽을 개방했다는 소식이 전해지자 수십만 명의 인파가 서베를린으로 몰려들었다. 그리고 기쁨과 축하의 감동적인 장면이 경계선 양쪽에서 이어졌다.

동유럽을 휩쓴 개혁 운동

베를린 장벽의 붕괴는 공산당 정권의 붕괴를 상징했으며 법률상의 종말도 이내 찾아왔다. 장삿속 밝은 젊은이들은 망치와 끌로 장벽의 일부를 쪼개 행인들에게 1~2 도이치마르크, 즉 2~3달러에 팔기도 했다. 장벽이 개방되고 몇 달이 지난 후 동독인들은 국민투표를 통해 서독과 합칠 것을 결정했다. 1990년 7월에는 동독 화폐 오스트마르크가 서독의 도이치마르크로 대체되었다. 이때 동독인들이 소유한 구화폐는 실질 가치보다 상당히 높게 교환되었다. 1990년 10월 초에 동독과 서독은 비로소 정치적 통합을 이루었고, 이로써 동독은 지구상에서 완전히 사라지게 되었다. 그리고 1700만 동독인들은 서독의 시민으로서 정치적 권리를 획득했다.

그러나 통일 독일은 경제적으로나 사회적으로 안정을 되찾기까지 오랜 시간이 걸렸을 뿐만 아니라 어려움도 많았다. 구동독의 국민과 사회기반시설, 그리고 경제기반을 서독의 수준으로 끌어올리기 위해 통일 독일은 구동독 지역에 수백 억 도이치마르크를 쏟아부었다.

그럼에도 구동독의 실업률은 예나 지금이나 서독에 비해 상당히 높다. 게다가 서독 국민의 상당수가 동독 재건을 위해 세금을 더 내야 하는 것을 분개했다. 반면에 동독 국민의 상당수는 서독인의 생색내기에 분개했다. 그러나 독일은 다시 하나가 되었고 1933년에 히틀러가 정권을 장악한 이후 처음으로 모든 독일 국민은 완전한 민주적 권리를 향유하게 되었다.

베를린 장벽의 붕괴는 다른 동유럽 정권의 붕괴를 예고하는 신호탄이었다. 몇 주 지나지 않아 체코슬로바키아 수십 만 명의 시민들이 수도 프라하를 비롯해 여러 도시의 거리로 쏟아져 나왔다. 그리고 비폭력 혁명으로 알려진 벨벳 혁명을 이루어냈다.

체코슬로바키아 민주주의 운동의 중추적인 인물은 작가이자 반체제 인사였던 바츨라프 하벨이었다. 그는 공산주의 정권을 비판하는 글을 썼다가 투옥되기도 한 인물이다. 벨벳 혁명이 일어나기 이전에 하벨을 비롯한 여러 작가들은 원시적인 인쇄 장치를 이용해 자신들의 작품을 출판해야 했고 수십 명밖에 안 되는 소수의 독자들에게 이를 배포했다. 그러나 이제 역사의 물결은 그들에게 유리한 쪽으로 바뀌었다.

같은 기간 헝가리에서도 개혁의 물결이 전국을 휩쓸었다. 헝가리 공산주의 정권은 1990년 3월에 민주적인 다당제 선거를 치르겠다고 발표했다. 당시 선거에는 공산당원들도 후보로 나와 경쟁했지만 참패함으로써 새로운 정부가 들어서게 되었다.

동유럽을 휩쓸고 있던 개혁 운동은 1989년 12월에 니콜라에 차우셰스쿠가 이끄는 루마니아 독재 정권에도 불어닥쳤다. 수도 부쿠레슈티에서 짧은 총격전이 벌어진 후 독재자의 군대가 물러났고 변화를 원하는 사람들로 구성된 민병대가 수도를 장악했다. 그 과정에서 차우셰스쿠가 검거되었다. 민병대는 권력을 장악하자 곧바로 차우셰스쿠를 상대로 즉결 심판을 열어 유죄 판결을 내렸으며 그의 부인과 함께 밖으로 끌어내어 총살했다.

소련의 붕괴와 제국의 해체과정

소련에서는 구체제가 무너지고 있었다. 그 과정에서 개성이 강한 공산당원이며 개혁 지지자였던 보리스 옐친이 소련의 민주화 운동에서 두각을 나타냈다. 1991년 6월에 옐친은 러시아 공화국 대선에서 승리함으로써 러시아의 대통령이 되었다. 러시아 공화국은 소련 내 15개 공화국들 중에서 가장 규모가 컸다. 이를 계기로 서구 강대국들은 그를 소련을 대표하는 진정한 지도자로 대우하기 시작했다.

그러던 중 8월에 소련 정부 내 반체제 강경파들이 쿠데타를 일으켜 일련의 정치개혁에 반기를 들었다. 쿠데타 지도자들은 정치 활동과 러시아 신문 대부분의 발행을 금지하는 비상령을 발표했다. 무장한 군대는 흑해에 위치한 고르바초프의 별장을 포위했고 그곳에서 휴가를 보내던 고르바초프를 감금했다. 쿠데타 지도자들은 모스크바에서 보리스 옐친도 체포하려 했지만 그를 지지하는 수천 명의 사람들이 거리로 나와 러시아 대통령의 집무실을 보호했다. 결국 3일 후 쿠데타는 실패로 막을 내렸다. 그 과정에서 권력은 옐친에게 집중되었고 고르바초프는 정치적으로 무능한 지도자로 낙인찍히고 말았다.

1991년 가을, 러시아 정부는 소련 정부의 부처들을 넘겨받았고 나머지 공화국 정부들도 그 뒤를 따르기 시작했다. 소련 연방의 마지막을 알린 사건은 우크라이나에서 12월에 실시된 국민투표 결과였다. 소련 공화국 중에서 두 번째로 인구가 많은 우크라이나에서 90퍼센트가 넘는 유권자들이 정치적 독립을 선택한 것이다. 12월 25일에 고르바초프는 소련의 해체가 돌이킬 수 없는 일임을 인정하고 소련의 대통령직을 사임했으며 그의 모든 권력은 보리스 옐친에게 이양되었다.

다음날에는 최고입법기관인 소련최고회의가 해체되었다. 그리고 12월 31일에는 남아 있는 소련 정권의 기능이 모두 정지되었고 공화국들이 그 기능을 대신 떠맡았다. 라트비아, 리투아니아, 에스토니아로 구성된 발트 3국을 제외한 나머지 구소련 연방 공화국들은 모두 독립국가연합에 가입했다.

그러나 이 새로운 국가연합체는 실질적인 주권이 각각의 공화국에 있었기 때문에 영향력이 별로 없었다. 이 때문에 실리적인 목적으로 결성되었음에도 독립국가연합은 그다지 두각을 나타내지 못했다.

　소련과 동유럽 위성국들의 붕괴는 공산주의라는 통치 제도의
특성을 재차 확인하는 계기가 되었다. 40년이 넘도록 냉전 시대
에 미국과 권력 싸움을 벌였던 강대국 소련은 이제 사라졌다. 이
는 무력에 의한 붕괴나 외부 침략 때문이 아니라 외부인에게는
좀처럼 보이지 않는 정치적·경제적·사회적 위기 때문이었다. 3
억 명이 넘는 거대한 제국의 시민들은 소련 스타일의 공산주의
치하에서 살기를 거부했다. 신흥 독립국들이 다당제 선거를 전
면에 내세운 제도를 앞 다투어 채택했던 것도 바로 그 때문이었
다. 그러나 민주주의로의 전환과 그 성공의 정도는 국가마다 격
차가 컸다.

유고슬라비아의 민족 갈등과 민주화

소련과 소련 치하의 거대 제국이 해체되는 과정을 보면서 주목
해야 할 점은 이러한 역사적 대변혁이 비교적 평화롭게 진행되
었다는 사실이다. 또 소련 연방의 해체 이후에 등장한 정권들은
구소련 공화국들과 동유럽 국가들이 정한 기존 국경선을 거의
예외 없이 인정했다. 그러나 이 전환기에 산산조각이 난 다민족
국가도 한 곳 있었다. 바로 유고슬라비아 사회주의 연방공화국
이다. 그곳의 주민들은 운이 좋지 못한 셈이다.

소련 연방 내에 존재하던 민족 갈등은 소련 연방이 해체되면서 유고 연방을 갈기갈기 찢어놓았다. 피비린내 나는 잔혹한 전쟁이 세르비아인과 크로아티아인, 세르비아인과 보스니아인, 마지막으로 세르비아인과 코소보의 알바니아인 사이에서 일어났다. 이 전쟁에서 수십만 명의 사람들이 죽었고 시민 대량 학살, 인종 청소, 조직적인 강간 등이 자행되었다.

북대서양조약기구, 즉 나토 소속의 군대가 보스니아에 배치되었으나 사라예보 주변의 전쟁을 중단시키는 데에는 오랫동안 별 효과를 거두지 못했다. 1999년에 나토는 코소보 사태에 직접 개입해서 세르비아 군대를 상대로 공중전을 감행했고 그 과정에서 세르비아의 수도 베오그라드에도 대규모 폭탄이 투하되었다. 그 이후로 코소보는 나토 군대에 점령된 상태다.

2008년에 코소보는 세르비아로부터 독립을 선언했고 미국과 유럽연합으로부터 신흥 독립국으로서의 주권을 인정받았다. 세르비아는 이러한 조치를 비난했고 러시아는 코소보의 독립에 반발하는 세르비아를 지지했다. 구유고 연방의 인권 침해와 전쟁 범죄에 대한 대가로 네덜란드 헤이그에 위치한 국제형사재판소는 세르비아 군부와 정치 지도자들을 대량 학살과 범법 행위 혐의로 기소했다.

국제형사재판소는 전 세르비아 대통령 슬로보단 밀로셰비치를 체포해서 재판을 여는 데 성공했다. 재판은 2년 동안 계속되었고, 밀로셰비치는 판결이 내려지지 않은 상태에서 사망했다.

2008년 7월에는 13년 동안 숨어 지내던 전 보스니아계 세르비아 지도자 라도반 카라지치가 체포되었고 그는 아직까지 국제형사재판소에서 재판을 받고 있다.(2016년 3월 카라지치는 대량 학살 등의 혐의로 징역 40년형을 선고받았다. —편집자주) 구유고 연방에서 독립한 국가들은 다당제 선거와 경쟁 선거를 확립했지만 완전한 민주주의로의 진전은 매우 더디게 진행되고 있다.

구소련과 동유럽 국가의 과제

구소련 치하에 있던 동유럽 국가들은 완전한 민주주의를 향해 한발 한발 나아갔고 유럽연합에 가입함으로써 그 과정은 더욱 견고해졌다. 반면 구소련 연방의 공화국들은 훨씬 위태로운 과정을 밟아야만 했다.

인구수가 1억 4천만 명에 달하는 러시아에서는 민주주의 발전이 부분적으로만 이루어졌다. 그런데 최근에 권위주의적인 정부가 들어서면서는 민주주의가 오히려 후퇴하고 있다. 매우 혼란스러웠던 옐친 정부가 막을 내리고, 옐친이 후임으로 신중을 기해 고른 블라디미르 푸틴이 2000년과 2004년에 연달아 대통령으로 당선되면서부터다. 전직 소련 비밀경찰KGB 정보원이었던 푸틴은 얼마 지나지 않아 헌신적인 민주주의자가 아니었음이 명백히 드러났다.

하지만 푸틴 통치 아래에서 러시아 경제는 활기를 띠기 시작했는데, 이는 석유 가격 상승과 서유럽을 상대로 한 러시아산 원유와 천연가스 수출의 증가 덕분이었다.

2008년 3월에는 푸틴을 후견인으로 둔 드미트리 메드베데프가 러시아 대통령 선거에서 무난하게 당선되었다. 그는 두 달 후에 대통령으로 취임하자마자 제일 먼저 푸틴을 수상으로 지명했다.

동유럽에서는 시장 경제와 민간기업으로의 전환이 난항을 겪었는데, 소수 상위 부유층과 나머지 국민 사이의 격차가 점점 벌어졌기 때문이었다. 하층에 속하는 국민 대다수는 빈곤에 시달렸으나 상위 부유층에 속한 자본가들은 점점 더 윤택한 삶을 살았다. 아이러니한 것은 동유럽뿐만 아니라 러시아에서도 초기 자본가들 대부분이 전직 공산당 관료 출신이었다는 것이다. 사회적 연줄이 탄탄한 사람은 제도가 바뀌어도 자신들에게 유리한 자리를 선점하는 것이었다.

동유럽과 구소련에 새로 들어선 정권들은 서구 사회, 특히 경제학자로부터 상당히 많은 조언을 받았다. 여기에는 국가가 경제 활동의 기본적인 사항을 계획하고 결정하는 '계획 경제'에서 민간기업이 경제 활동의 대부분을 책임지는 '시장 경제'로 전환하는 방법이 포함되어 있었다. 초기에 그들은 시카고 대학교 출신의 사상가로부터 영향을 받은 경제학자들의 충고에 상당히 주의를 기울였다. 시카고 학파 중에 가장 유명한 사람은 '통화주의'의 대부로 알려진 밀턴 프리드먼이다. 그의 충고에 따르면 신정부는 신속하게 국영기업을 민영화하고 외국인 투자자에게 문호를 개방해야 하며 국민에게 제공되는 식량, 주택, 교육 지원은 물론 광범위한 고용 지원을 중단해야 했다.

하지만 소련 붕괴 후 10년 동안 러시아 국민의 삶은 대부분 악화되었다. 모스크바의 부동산 가격이 급상승했음에도 수백만 명의 국민은 의료, 주택, 교육, 식량 등이 제대로 공급되지 않아 고충을 겪었다. 알코올 중독이 국가적 전염병으로 여겨질 만큼 만연했다. 평균 수명 또한 1980년에 62세에서 1999년에 58세로 눈에 띄게 줄었는데, 남성은 특히 더 심했다. 게다가 민간 부문 경제에 새로운 범죄 계층이 깊숙이 파고들기 시작했다. 조직화된 범죄가 합법적인 경제에 뿌리를 내리자 러시아의 범죄 조직은 더욱 번성하게 되었고, 전 세계 많은 지역에서 그들의 위력을 과시하기에 이르렀다.

러시아 국민의 비참한 생활은 최근에 와서야 다소 나아졌다. 비록 경제 성장으로 얻은 몫의 대부분이 사치스러운 삶을 영위하는 신흥 억만장자들의 부를 늘리는 데 이바지했지만 말이다.

한편 푸틴은 러시아 국가의 힘을 다시 부활시켰다. 경쟁자라고 여겨지는 경영인이 있으면 기업을 시장에서 내몰고 심지어 그 경영인을 감옥에 보내기까지 했다. 또 국가 소유권과 통제를 강화했는데, 러시아 경제에 핵심이 되는 석유 부문에서 특히 더 그랬다. 예를 들어 2003년에 유코스 석유 사의 돈 많고 영향력 있는 최고 경영자 미하일 호도로코프스키는 탈세를 비롯한 재정상의 불법 행위로 체포되어 8년 형을 선고받았는데, 이를 계기로 그의 회사는 산산이 분해되었으며 대부분의 자산도 국영 석유회사인 로스네프트에 흡수되었다.

미디어도 수적으로나 다양성 측면에서 급감하여 푸틴의 반대 세력은 정치 활동을 해도 거의 미디어의 조명을 받지 못했다. 2004년에 푸틴이 대통령으로 재당선되었을 무렵 러시아는 이미 일당 체제 국가로 후퇴하고 있었다. 야당의 정치 지도자들을 대신해 집회와 국민의 시위가 일어났지만 그럴 때마다 경찰과 푸틴을 지지하는 폭력배들에게 진압되기 일쑤였다. 다시 말해서 러시아는 경제적·군사적 강국으로 다시 떠올랐지만 다원주의와 민주주의를 향한 짧고 혼란스러웠던 시기는 막을 내리고 있었던 것이다.

구소련 독립국가들의 민주화를 방해하는 요인들

우크라이나에서는 민주주의 지지자들이 재등장한 권위주의 체제에 항거하다가 투옥되었다. 2004년 말과 2005년 초에는 수도

키예프를 중심으로 대통령 선거 결과에 반발하는 대규모 시위가 일어났는데, 당시 수상이었던 빅토르 야누코비치가 광범위한 부정과 선거 조작, 그리고 협박으로 대선에서 승리했던 것이 문제였다.

오렌지 색깔 옷차림을 한 수십만 명의 시민들은 추위에 아랑곳 하지 않고 독립광장에서 재선거 실시를 요구했고 야당 대선 후보자였던 빅토르 유시첸코를 지지했다. 당시 유시첸코는 정치적인 음모로 다이옥신에 중독되어 얼굴이 변형되었는데, 그 때문에 평생 정신적으로나 육체적으로 큰 고통에 시달리게 되었다.

우크라이나 대법원은 야누코비치가 불법 선거에 연루되었다는 사실을 근거로 선거 결과 무효 판결을 내렸고, 이로써 정치적 교착 상태에 빠져 있던 우크라이나는 2004년 12월 26일 대통령 재선거를 치를 수 있었다. 선거 결과 유시첸코의 득표수가 많았으며 대법원은 그의 승리를 선포했다. 2005년 1월 23일 유시첸코는 수십만 명의 지지자들 앞에서 취임식을 거행했다.

그러나 친서구 성향의 정부는 얼마 안 있어 상당수 지지자들에게 환멸감을 안겨주었다. 오렌지 혁명 당시에 거리를 메웠던 지지자들이 보기에 변화가 너무 더디게 진행된 것이다. 게다가 우크라이나 내부의 투쟁은 민주주의자와 권위주의자끼리의 단순한 경쟁이 아니었다. 외부 이해 당사자들, 즉 서구와 러시아 모두가 우크라이나를 손에 넣으려는 경쟁에 뛰어들었기 때문이다. 서구 국가들은 우크라이나를 유럽 쪽으로 끌어들이려고 했고 러시아는 우크라이나와 계속 친분을 유지하려고 했다.

대통령이 된 유시첸코는 그의 경쟁자 야누코비치와 다를 바 없이 민주주의 원칙들을 서슴없이 무시했다. 한편 우크라이나에는 또 한 명의 거물급 정치인이 있었는데, 바로 석유 산업계의 재벌이며 오렌지 혁명에서 중추적인 역할을 했던 여성 기업인 율리아 티모셴코Yulia Tymoshenko다.

티모셴코는 유시첸코가 대통령이 되는 데 현격한 공을 세웠던 인물이었고 이에 유시첸코는 그를 수상으로 임명했으나 그 이후로도 권력 투쟁은 계속되었다. 티모셴코는 친서구파인지 친러시아파인지 구분이 안 될 정도로 양 진영을 넘나들었다. 그 결과 그녀는 2008년에 재차 수상으로 임명되었다. 사실 어느 당파가 최고의 자리에 오를지 불분명할 정도로 권력 싸움은 격전의 양상을 띠었다.

구소련의 남부 가장자리에 위치한 독립 국가들도 정치적으로 내분에 휩싸이기는 마찬가지였다. 게다가 이들 독립 국가는 미국, 러시아, 중국 등과 같은 강대국의 압력에 시달렸다. 주요 석유 생산국인 카자흐스탄과 아제르바이잔은 결국 미국 진영으로 흡수되었는데, 그들이 생산하는 원유와 천연가스가 주로 서구 사회로 수출되었기 때문이다.

그루지야는 과거 정치적인 이유로 전쟁을 겪었다. 또 러시아의 남부 지역에 해당하는 체첸에서는 러시아에서 독립하려는 세력과 이를 저지하려는 러시아 때문에 계속 유혈 사태가 벌어지고 있다.

이 모든 사례를 통해 민주주의를 향한 국민의 열망은 전략적 목표를 추구하는 외부 세력에게 위협을 받을 수 있다는 사실을 잘 알 수 있다.

5장

전 세계에
들불처럼 번진
민주주의 물결

◇·◇·◇·◇·◇·◇·◇·◇·◇·◇·◇·

서구 사회의 민주주의 운동과 그 에너지는
20세기 첫 10년 동안에도 전혀 주춤하지 않았다.
그러나 그 중심은 현격히 남쪽으로 이동하고 있다.
앞으로 전 세계 민주주의 발전은
이곳의 성공 여부에 달려 있다고 해도 과언이 아닐 것이다.

◇·◇·◇·◇·◇·◇·◇·◇·◇·◇·◇·

정직한 정부수립을 위한 라틴아메리카의 민주주의

라틴아메리카 국가의 대부분은 19세기 초에 스페인 통치에서 독립했지만 미국이나 다국적 기업의 지배 속에서 살고 있다. 이 때문에 식민주의에 대항하는 투쟁과 민주주의 운동은 여전히 계속되고 있다. 라틴아메리카는 토지 소유자와 기업가, 군부와 지배정당, 그리고 미국의 정치 집단과 기업 집단 사이의 장기적인 동맹관계를 보여주는 대표적인 사례이다.

대륙 곳곳에 만연한 이러한 양상은 사회 발전과 경제 발전, 그리고 민주주의 세력의 영구적인 승리를 막는 장애물이다. 대토지 소유자에게서 소작농에게로 토지를 이전하기 위한 토지개혁 투쟁, 노동자를 노동조합으로 조직화하기 위한 투쟁, 국민 대다수에게 봉사하는 정직한 정부를 수립하기 위한 투쟁 등은 라틴아메리카에서 지난 한 세기 반 동안 성공과 실패를 반복해왔다.

미국의 두 얼굴

미국과 소련의 냉전이 절정으로 치닫는 동안 미국은 라틴아메리카의 개혁 운동을 저지하기 위해 온갖 노력을 기울였다. 예를 들어 1954년에 미국계 유나이티드 푸르트 사를 대신해서 미국중앙정보국은 개혁을 지지하는 과테말라 정부를 전복하려는 쿠데타를 지원했다.

또 피델 카스트로가 진두지휘하는 쿠바 혁명이 아바나에서 승리를 거두자, 케네디 행정부는 카스트로에 저항하는 반체제 세력의 쿠바 공격을 지원했다. 1961년 봄, 피그만 작전으로 불리는 이 침공은 실패로 끝났고 이후 미국 정부는 라틴아메리카 전역에 '카스트로이즘'이 확산될까 봐 무척 우려했다.

이에 미국 정부는 그 지역 전체의 정치 지도자들은 물론 군부 세력과도 친밀한 관계를 유지하기 위해 두 배의 노력을 기울였다. 다시 말해서 미국 정부는 민주주의 개혁 운동보다는 권위주의적 정권을 선호하는 세력을 지지했던 것이다.

1970년 칠레에서 사회주의자인 살바도르 아옌데가 대통령으로 당선되었을 때에도 닉슨 행정부는 칠레 전역이 개혁의 물결로 술렁일까 봐 초조했다. 그러나 전세는 역전되고 말았다. 1973년에 아옌데가 사망하고 아우구스토 피노체트 장군이 이끄는 쿠데타 세력이 우익 독재 정권을 세웠던 것이다.

피노체트는 수백 명이 넘는 정적들을 살해하고 수천 명을 투옥시켰다. 미국 정부는 처음부터 피노체트 정권을 지지했다. 피노체트 정권은 시카고 대학교의 우익 경제학자들로부터 방대한 양의 조언을 수용했다. 그러나 이 우익 경제학자들은 가혹할 정도로 시장 중심의 경제 질서에 기초해 정책을 세웠기 때문에 사회복지 프로그램은 삭감되고 노동조합은 와해되기 일쑤였다.

새로운 활력, 베네수엘라

최근에는 상황이 바뀌어 라틴아메리카 전역에서 민주주의 운동이 다시 활기를 띠고 있다. 우선 피노체트 독재 정권이 붕괴된 후 칠레는 1973년 군부 쿠데타가 일어나기 이전에 쌓아올린 그들의 민주주의적 유산에 기초해 민주주의 국가로서의 체제를 재확립했다.

독재 정권이 자행한 범죄들은 아직까지 조사 중이며 그 희생자들은 보상을 받았다. 과거 독재 정권에 시달렸던 아르헨티나와 브라질도 자유롭고 공정한 선거에 기초한 다당제 정치제도를 확립했다.

그러나 그 어떤 곳보다도 라틴아메리카에 새로운 활력을 불어넣은 국가는 바로 베네수엘라다. 풍부한 석유 자원 덕분에 베네수엘라의 좌익 정부는 자국뿐만 아니라 라틴아메리카 전역에서 미국의 권력에 대항할 수 있었다.

그러나 베네수엘라 내부에서는 전통적인 기득권 세력과 좌익 인민주의자인 우고 차베스Hugo Chavez 대통령이 이끄는 정부 사이에 치열한 권력 투쟁이 벌어졌다. 2002년에는 차베스에 대항한 쿠데타가 일어나 그를 대통령직에서 몰아내는 사건이 벌어지기도 했다. 그러나 그를 지지하는 사람들이 카라카스 거리로 몰려와 48시간 만에 그의 자리를 되찾아주었고 이로써 쿠데타는 실패로 끝났다. 차베스는 자국의 석유산업을 국유화하기 위해 애썼다. 또 다양한 복지 프로그램을 실시해 핵심 지지 기반인 수도 외곽에서 비참하게 생활하는 가난한 사람들을 도왔다.

하지만 차베스는 독재 정권을 세우려는 음모를 꾸미고 있다는 비난을 계속 받고 있다. 2007년에 대통령직을 세 번 연임할 목적으로 개헌 국민투표를 실시한 것을 그 예로 들 수 있다. 국민투표 결과 개헌은 부결되었고 차베스는 패배를 인정했으나 그는 급진적 사회 개혁 프로그램을 추진하기 위한 것이었다고 주장했다.

볼리비아와 멕시코의 약진

볼리비아의 급진적 개혁 운동 또한 엄청난 파장을 불러일으켰다. 이 개혁 운동은 2005년 대통령 선거에서 53.7퍼센트의 지지를 받고 대통령으로 당선된 에보 모랄레스가 진두지휘했다. 모랄레스는 원주민 출신의 볼리비아인으로, 그의 정치 기반 대부분은 안데스 지역의 원주민에게 집중되어 있었다. 정권을 잡은 그는 경제적·사회적 개혁 프로그램을 전면적으로 단행했는데, 이는 볼리비아 원주민과 가난한 사람들의 삶을 광범위하게 개선시키기 위함이었다.

그러나 이러한 개혁 프로그램은 미국 정부와 기업뿐만 아니라 자국 내 핵심 기업들의 강한 반발에 부딪칠 수밖에 없었다. 천연가스와 석유, 그리고 기타 광물 자원을 민간기업에서 국가와 국민에게 이전시키고, 농지 개혁을 단행하고, 새로운 제도를 확립해서 소외 계층을 위한 민주주의를 활성화시키려고 했으니 당연한 일이었다.

오래지 않아 볼리비아의 전통적인 지배 계층은 모랄레스 정부의 힘을 약화시키기 위해 서로 단결했다. 그리고 2008년 여름 국민투표를 실시해 대통령을 퇴진시키려고 했다. 그러나 이러한 대통령 퇴진 조치는 유권자 67.7퍼센트의 압도적인 반대로 부결되었다. 이 수치는 모랄레스가 그의 전통적인 정치 기반 세력뿐만 아니라 그 외의 유권자로부터도 많은 지지를 받았음을 보여주는 증거이다.

한편 멕시코는 제도혁명당이 집권당으로 수십 년 동안 막강한 권력을 누리다가 점진적으로 다당제 민주주의로 옮겨갔다. 70여 년이 흐르면서 집권당의 지배력이 느슨해지기 시작한 것이다. 결국 제도혁명당은 2000년에 국민행동당의 비센테 폭스가 대선에서 승리한 것을 계기로 71년 동안 차지했던 제1당의 자리를 내주게 되었다.

사실 현재 멕시코는 정계는 물론 국가 행정부 전체에 부정부패가 만연해 있는 상황이다. 그러나 우익이든 좌익이든 상관없이 모든 정치적 견해를 유권자들이 보고 들을 수 있는, 진정한 민주주의를 향해 약진하고 있음은 부인할 수 없을 것이다.

석유를 둘러싼 복잡한 이해관계,
중동과 북아프리카의 민주주의

중동은 전 세계 석유 매장량의 60퍼센트 이상을 차지하고 있기 때문에 지리적·전략적으로 매우 중요한 곳이다. 그러다 보니 민주주의를 정착시키기가 다른 곳보다 훨씬 어렵다. 그 와중에 이스라엘은 자국만이 그 지역에서 유일하게 제대로 된 민주주의 국가라는 그럴싸한 주장을 하고 있다.

그러나 그것이 사실이라면 이스라엘의 웨스트 뱅크 점령은 어떻게 설명할 것인가? 또 웨스트 뱅크와 가자지구에 대한 전략적 지배는 어떻게 설명할 것인가? 사실 이스라엘이 말하는 민주주의란 오직 이스라엘 국민에게만 해당되는 말일뿐이다. 이스라엘 때문에 팔레스타인 사람들은 국가도 없이 빈곤과 소외 속에서 고통받고 있으니까 말이다.

이스라엘을 제외한 중동 국가들, 즉 이집트, 수단, 알제리, 레

바논, 사우디아라비아, 쿠웨이트, 시리아, 이란 등은 어느 하나도 진정한 민주주의 국가에 근접해본 적이 없다. 특히 이집트와 알제리 정권은 자유롭고 공정한 선거를 실시해본 적이 없는데, 이는 이슬람 공화국을 수립하려는 세력들이 당선될까 봐 우려하기 때문이다.

강대국에 좌우되는 팔레스타인의 민주화

조국을 되찾기 위해 필사적인 팔레스타인 민족은 중동 지역에서도 매우 특별한 경우로, 40년이 넘는 피점령 상태에서 온갖 고초를 겪고 있다. 그렇다고 해서 팔레스타인 정치에 민주주의를 향한 충동이 없었던 것은 아니다. 그렇지만 대부분은 정치 조직끼리의 무력 투쟁으로 아무 성과 없이 끝나기 일쑤였다. 게다가 이러한 정치 조직의 성패는 어느 조직이 이스라엘 자살 테러 공격을 더 많이 성공시켰는지에 달려 있었다.

주요 정치 조직으로는 팔레스타인 해방기구와 하마스가 있는데, 이 조직들의 역사는 외부 세력의 간섭에 많은 영향을 받았다. 비종교적 성향의 팔레스타인 해방기구는 야세르 아라파트Yasir Arafat가 세웠으며 반이스라엘 투쟁에 헌신하는 대표 조직으로 부상했다. 그러다가 나중에 이슬람 무장 단체인 하마스의 도전을 받게 되었는데 하마스가 이스라엘인과 미국인으로부터 비밀리에 지원을 받으며 창설된 조직이다 보니 활동의 목표가 팔레스타인을 분열시킴과 동시에 비종교적인 좌익 성향의 팔레스타인 해방조직에 맞서 우익 성향의 종교 운동을 강화시키는 것이 되었다.

그러나 나중에 팔레스타인 해방기구가 완화된 저항 방법을 채택하자 하마스는 이스라엘에게 훨씬 더 적대적으로 비춰지기 시작했고, 이 때문에 미국과 이스라엘은 아라파트 사망 이후에 팔레스타인 해방기구와 더 긴밀한 관계를 유지했다.

2006년 1월에는 웨스트 뱅크와 가자지구에서 팔레스타인 자치 정부를 위한 의회 선거가 실시되었다. 그런데 선거에서 하마스가 압승을 거두자 미국과 유럽연합은 팔레스타인 자치 정부에 대한 자금 지원을 대폭 삭감해버렸다. 팔레스타인 국민의 민주적 선택을 수용할 수 없었던 것이다.

팔레스타인 해방기구와 하마스는 무력에 의존해 권력을 쟁취하려고 했다. 그 결과 팔레스타인 해방기구는 웨스트 뱅크를, 하마스는 가자지구를 각각 통치하게 되었다. 그런데 서구 강대국들과 이스라엘은 팔레스타인 문제를 해결하기 위해 팔레스타인 해방기구와는 꾸준히 협상을 벌인 반면, 하마스는 가자지구에 고립시켰다. 또 웨스트 뱅크는 서구 강대국에게서 막대한 원조를 받았지만 가자지구는 빈곤에 시달려야 했다.

게다가 가자지구는 이스라엘의 가혹한 봉쇄 정책으로 갈수록 사정이 악화되고 있다. 그러나 이스라엘은 가자지구 군인들이 먼저 이스라엘 공동체에 로켓을 발사했고 그에 대한 보복 조치일 뿐이라며 이러한 봉쇄 정책을 정당화하고 있다.

미국의 이라크 침공과 민주주의의 퇴보

이라크는 중동의 여느 국가들과 다른 점이 많다. 그래서 민주주의를 향한 진정한 투쟁인지, 아니면 민주주의 이념을 이용하는 것뿐인지 명확히 구별해야 한다. 군사적 혹은 정치적 투쟁을 목적으로 지지 세력을 결집시킬 때 이용하는 민주주의 이념은 그 궁극적인 목적이 민주주의와 전혀 관계가 없기 때문이다. 2003년 미국과 그의 동맹국들이 저지른 이라크 침공은 그 차이점을 분명하게 보여준다.

부시 행정부는 사담 후세인Saddam Hussein이 미국이나 동맹국을 위협하는 대량 살상무기를 보유하지 못하게 막아야 한다고 침략 이유를 밝혔다. 이라크 공격 첫날부터 미국이 선포한 핵심 목표는 이라크 독재 정부를 전복시키고 법치와 인권 수호에 헌신하는 민주적 정부를 새롭게 옹립하는 것이었다.

이러한 목표는 침략한 지 몇 달이 지나서 이라크에 대량 살상무기가 없다는 사실이 명백해지자 전쟁의 명분으로 더욱 부각되었다. 부시 행정부에 따르면 전쟁은 피할 수 없는 냉혹한 선택이었다. 이라크에서 미국이 패배하면 알카에다와 이란의 힘이 막강해져서 세계는 더 큰 테러 위협에 시달릴 것이고, 반면에 미국이 승리하면 중동 전역에 민주주의가 발전할 것이라는 식이다.

미국의 이라크 침공 이후 6년 동안 수십만 명의 이라크인이 사망했고 대략 220만 명의 사람이 이라크를 탈출했다. 선거를 통해 정부가 선출되었음에도 무용지물이었다. 시아파, 수니파, 쿠르드 족으로 삼분된 각 지역을 분파적인 민병대와 정치적 파벌들이 통치하고 있기 때문이다.

인권과 관련된 측면을 살펴봐도 이라크 여성 대부분의 삶은 전쟁이 일어나기 이전보다 나아진 것이 없다. 아니 오히려 삶의 방식, 직업 선택, 옷 입는 방식 등에서 이슬람 근본주의자의 교리에 훨씬 더 많이 속박받고 있다.

미국의 이라크 침공을 민주주의로 치장하는 것은 서구 국가들이 19세기에 자주 사용하던 수법과 매우 유사하다. 아프리카와 아시아를 쑥대밭으로 만들어놓고도 군인과 기업인, 그리고 정부 관료들과 함께 들어온 선교사를 들먹이며 이를 정당화하던 수법 말이다.

밑으로부터의 열망이 살아 있는 아시아의 민주주의

전 세계 인구의 60퍼센트를 차지하는 아시아에서 민주주의는 몇몇 주요 국가에서 이미 확고히 자리를 잡았다. 우선 인구가 수십억에 달하는 인도는 세계에서 가장 인구 밀도가 높은 민주주의 국가이며 1947년 이래로 다당제 의회 제도를 실시하고 있다.

그러나 인도의 민주주의는 힌두교도, 이슬람교도, 시크교도 등이 연루된 폭력적인 종교 분쟁으로 위협을 받기 일쑤였다. 어디 그뿐인가? 주기적으로 발생하는 주 정부의 와해, 인구의 절반 이상이 직면한 빈곤, 정치 지도자들의 암살 등 많은 위협 요소들이 존재한다.

그런데도 민주주의가 무럭무럭 발전한 덕분에 인도는 기술적으로 진보한 경제력을 보유할 수 있었을 뿐만 아니라 세계적인 문화강국으로 발전할 수 있었다. 하지만 중국과 일본, 파키스탄

등 다른 아시아 국가에서의 민주주의는 투쟁의 연속이다. 이들 국가는 군사독재 정권의 통치에서 벗어나지 못하고 있거나 정당 간의 권력 투쟁으로 아직도 안개에 휩싸여 있다. 하지만 미얀마에서는 아웅산 수치와 같은 지도자의 탁월한 지휘 아래 밑으로부터의 정치 변혁이 일어나 전 세계의 이목이 집중되고 있다.

아시아 강대국, 중국과 일본의 민주화

중국은 미국의 세계 지배에 도전할 수 있는 강국이 되었음에도 여전히 일당 체제를 고수하고 있다. 공산당 통치에 대한 도전이나 국가가 인정하지 않는 종교 활동을 고무시키려는 시도 등은 폭력적인 탄압과 체포, 그리고 호된 감옥살이 등으로 이어졌다.

그러나 1997년 중국은 한 세기 동안 영국 정부의 직할 식민지였던 홍콩을 성공리에 돌려받았고 홍콩이 자본주의 경제 체제를 유지할 수 있게 허용했다. 중국 전체가 국가 자본주의 경제 체제이긴 하지만 말이다. 홍콩에서는 정당 정치가 일정 정도 유지되고 언론의 자유도 있다. 그러나 행정부 구성원은 대부분 중국 정부가 직접 임명하고 있으며 정부 자체도 중국 정부의 엄격한 통제를 받는다.

중국은 또한 대만을 자국의 영토라고 주장하면서 통제권을 되찾으려고 안간힘을 쓰고 있다. 물론 대만은 중국과 별도로 다당제 정치제도를 실시하고 있다. 그러나 대만 정부가 중국에게서 독립하려는 조치를 취했다가는 예외 없이 중대한 위기에 직면하게 된다. 그런 일이 있을 때마다 중국 정부는 전쟁도 불사하겠다고 대만을 위협했기 때문이다. 대만의 군사적 보호자인 미국은 대만이 중국의 일부임은 인정하지만 강압적인 통일은 있을 수 없다고 주장했다.

일본은 세계적인 경제 대국인만큼 국민의 생활 수준이 매우 높다. 또한 1947년에 전후 헌법이 발효된 이래 민주주의 체제를 유지하고 있다. 그런데 다당제 선거 제도를 실시하고 있음에도 지난 50년 동안 일본 정권은 거의 모두 자유민주당이 독차지했다. 그러다보니 파급 효과가 큰 정치적 충돌의 상당 부분은 자유민주당 내부의 파벌과 지도층에서 일어나곤 했다. 이는 일본 정치의 최고위층 인사들이 얼마나 투명성이 부족한지를 보여주는 사례이기도 하다.

6월 항쟁으로 상징되는 대한민국의 민주화

1945년 8월 15일 한국은 치욕적인 일본의 식민지 통치로부터 벗어났다. 국민은 해방된 세상에 대한 희망에 부풀어 거리로 뛰쳐나왔으나 모든 것이 희망적인 것은 아니었다. 가장 힘든 것은 한국인들이 스스로 민주국가를 세우는 일이었다.

해방 직후, 한국인들은 좌우익이 함께 건국준비위원회를 조직해 건국을 준비했으나 미국의 좌익 배제와 좌우익 내부의 대립 격화로 자주적인 건국은 좌절되었다. 미국과 소련은 '일본군 무장해제'라는 명목 아래 남과 북에 진주했으며 양국간의 의견 차이로 한국은 단독 정부 수립에 실패했다. 이에 한국은 해방과 분단이 동시에 이루어지는 비극을 맞이하게 된다.

통일 민족국가의 꿈이 좌절된 채 1948년 5월 10일 남한에서는 역사상 최초의 보통선거가 치러졌다. 이어 같은 해 8월 15일 남한만의 단독 정부가 들어서고 북한 또한 독자적인 인민공화국을 수립한다.

미소 냉전체제는 1950년 한국전쟁이라는 동족상잔의 비극을 불러왔으며 전쟁 후 이어진 남북의 대치상황은 60여 년이 지난 지금까지 이어지고 있다. 또한 남과 북을 극단적인 정치체제로 굳히는 계기를 만들었고 마지막까지 남은 세계 유일의 분단국가라는 결과를 낳았다.

전쟁 이후 남한과 북한은 폐허와 절대 빈곤에서 벗어나는 것이 무엇보다 시급했다. 그러나 1948부터 1960년까지 집권한 이승만 독재 정권은 이를 외면한 채 온갖 부정한 방법을 동원하고 무력까지 사용하며 강제 개헌을 통한 영구집권을 시도하다가 4·19 혁명으로 막을 내렸다. 4·19 혁명은 준비된 혁명이 아니었다. 순수한 학생운동에서 시작되어 시민혁명으로 발전된 것이다. 4·19 혁명을 통해 한국인들은 국민이 주인이 되는 민주주의의 실체와 그 진로를 발견했다. 이 혁명의 주체가 된 학생들의 순수함과 자기희생은 이후 한국 민주화 운동의 특징으로 자리매김했다.

하지만 4·19 혁명의 기쁨도 잠시, 사회 혼란을 빌미로 군인들이 총과 탱크를 앞세워 5·16 군사쿠데타를 일으키며 나라를 점령했고, 이후 한국 사회는 18년 동안 근대화와 반공으로 무장한 박정희 군사정권의 철권통치 아래 춥고 어두운 겨울을 보내야 했다.

군사쿠데타로 집권한 박정희 정권(3~9대 대통령)은 그 정당성을 얻기 위해 경제제일주의와 근대화를 표방하고, 경제개발에 필요한 자금을 얻고자 대다수 국민의 반대를 무릅쓰고 굴욕적인 한일협정을 서둘러 강행했다. 이 시기 정부의 전폭적인 지원을 받은 재벌기업의 성장은 지역과 산업 간의 불균형을 초래했고 농민을 도시 빈민으로 전락시키고 저임금 노동자를 양산했다. 그럼에도 국민은 경제성장을 위해 밤낮으로 일을 했고 이들의 노력으로 한국은 단기간에 경제적 고도성장이라는 기적을 만들어냈다.

한편 사회적으로는 박정희의 집권 연장을 반대하는 시위로 전국이 들끓었다. 대통령을 세 번 연임하려는 3선 개헌과 부정부패, 영구 집권을 위한 유신헌법은 국민들의 거센 저항에 직면

했고, 결국 박정희는 집권 18년, 유신 7년 만에 피살되었다.

박정희 정권이 무너지고 민주주의에 대한 부푼 희망도 잠시, 한국 사회는 다시 전두환을 중심으로 한 군인들의 수중에 넘어 갔다. 전두환은 민주화의 열기를 꺾고 군사독재체제를 유지하기 위해 1980년 5월 18일 광주시민들을 무차별 학살했다. 그러나 5·18 광주 민주화 정신을 이어받은 시민들의 반독재투쟁은 계속 이어졌고, 마침내 1987년 6월 민주화 항쟁을 이끌어내면서 대통령 직선제 개헌을 쟁취했다. 이후 한국은 군사독재를 종식시키고 민주화를 공고화하는 길을 걷게 된다.

6월 민주화 항쟁으로 민주화를 이루어낸 자신감은 한반도 평화와 통일운동으로 이어져 2000년과 2007년 남한과 북한 두 정상이 정상회담을 개최하게 되었으며, 이를 계기로 남과 북은 서로 화합하는 발전의 틀을 마련하게 되었다. 하지만 한국의 민주주의는 여전히 많은 과제를 안고 있다.

우선 민주화를 위해 싸운 국민이 곧바로 분열되어 '민주 대 반민주' 구도에 더해 '지역'이라는 새로운 대립 구도가 등장했으며, 엘리트 간의 타협으로 이룬 민주화 과정 탓에 사회·경제적 민주주의를 요구할 주역인 노동계급이 제 역할을 하지 못했다. 또한 한국의 민주화는 정치적 민주화의 좁은 틀 안에서만 추진되었기 때문에 사회·경제적 민주화는 최근까지도 배제되고 있는 실정이다.

이러한 한국 민주주의의 문제점은 군부독재 정권 아래에서 온갖 기득권을 누리던 사회 세력들에 대해 거의 손을 댈 수 없게 만들었다. 즉, 기득권 세력의 이해를 조금이라도 침해하는 개혁은 거의 추진되지 못했는데, 그 기득권 세력의 중심에 바로 '재벌'로 상징되는 거대 자본이 있다.

군사 독재에 신음하는 파키스탄

파키스탄과 인도네시아도 아시아에서 빼놓을 수 없는 주요 국가에 속한다. 이 두 국가는 모두 민주적인 정부를 수립하기 위해 투쟁했지만 오랫동안 군사독재 정권의 통치에서 벗어나지 못했다.

우선 파키스탄은 1947년 인도가 영국에서 독립할 때 수립된 국가이다. 파키스탄의 정당들은 변호사와 판사를 비롯한 대규모 중산층의 지지를 받으며 다당제 민주주의 확립을 위해 투쟁했다. 그에 맞서 권력 투쟁에 뛰어든 경쟁자로는 파키스탄을 이슬람교 공화국으로 만들려는 이슬람교 분파들과 파키스탄에서 가장 막강한 기득권을 누리는 군부가 있다.

파키스탄의 정치역사에서 가장 최근에 일어난 사건은 1999년에 시작되었다. 당시에 페르베즈 무샤라프Pervez Musharraf 장군은 쿠데타로 권력을 잡았고 그 후 10년 동안 정부의 수반으로서 파키스탄을 통치했다. 그 과정에서 헌법의 효력이 중지되었고 의회 선거가 보류되었다.

미국은 처음에는 이러한 반민주적 조치를 강력히 비난함과 동시에 재정 지원을 삭감했다. 그러나 2001년 9월 11일 뉴욕과 워싱턴이 테러 공격을 받은 이후부터 미국은 무샤라프에 대한 태도를 바꾸었다. 조지 부시 행정부가 테러 공격에 대한 보복으로 테러와의 전쟁과 아프가니스탄 공격을 선포했을 때 무샤라프가 이를 전폭적으로 지지했기 때문이다.

2007년 가을에 무샤라프는 파키스탄을 입헌 민주주의 국가로 되돌리기 위해 애쓰고 있다고 선언했다. 이를 계기로 해외로 추방을 당했던 야당의 핵심 지도자인 파키스탄이슬람동맹의 나와즈 샤리프Nawaz Sharif와 파키스탄인민당의 베나지르 부토Benazir Bhutto가 귀국하여 각각의 정당에서 의회 선거를 진두지휘하기 시작했다. 샤리프는 2007년 9월에 처음 귀국했다가 다시 추방당했지만 두 달 후에 다시 돌아왔고 이후 파키스탄에 머물러도 좋다는 허가를 받았다.

2007년 10월 무샤라프는 군인 신분으로 대통령 선거에 출마했다. 이 때문에 그가 대통령에 당선되었을 때 대법원이 그 선거 결과를 유효하다고 인정할지는 매우 불확실했다. 어쨌든 대통령 선거는 연방 의회인 상원과 하원, 그리고 네 개의 지방 의회에서 치러졌다. 선거인단 경쟁에서 무샤라프는 양원에서 5표를 제외한 모든 표를 휩쓸었으며 지방 의회에서도 압승을 거두었다.

무샤라프의 이러한 정치적 책략은 자신이 대통령에 오른 상태에서 민정을 재확립하려는 시도였다. 그러나 2007년 11월 3일에 무샤라프 대통령은 국가비상사태를 선포했다. 헌법 기능이 정지되었고 대법원장인 이프티카르 무함마드 초드리Iftikhar Muhammad Chaudhry가 해임되었으며 수도인 이슬라마바드 거리에는 경찰이 배치되었다.

무샤라프가 이러한 필사적인 조치를 취할 수밖에 없었던 이유는 여러 가지가 있었지만, 우선 그가 군의 수장직을 사임하기 이전에 대법원에서 그의 대통령 당선을 무효화할 가능성이 현실적으로 매우 높았기 때문이다. 그가 사법부와 유명 변호사들을 집중적으로 탄압했던 것도 바로 그들이 대통령 당선을 무효화해야 한다는 주장을 확산시키는 진원지였기 때문이다. 이런 이유로 수천 명의 변호사와 판사가 검거되고 투옥되었다. 그러나 그는 변호사와 판사뿐만 아니라 많은 곳에서 정치적 위협을 받고 있었다.

무샤라프는 미국과 유럽 국가들에게 국가비상사태는 테러리즘과 극단주의를 저지할 목적으로 내린 조치라고 설명했다. 그럼에도 불구하고 미국의 국방부 장관 콘돌리자 라이스는 무샤라프의 조치를 비난했고 한시라도 빨리 헌법의 기능을 복구시키라고 요구했다. 그러나 사실 미국은 계엄조치 자체보다는 파키스탄이 붕괴되어 혼란 상태에 빠질까 봐 더 조마조마했던 것이다.

무샤라프는 국가비상사태를 선언한 지 일주일 뒤에 텔레비전 대국민 연설을 통해 자신은 군의 수장직을 사임하고 가능한 빨리 정지된 헌법 기능을 회복시킬 계획이라고 발표했다. 또한 계엄령 시행에도 불구하고 2008년에 예정된 연방 의회 선거는 차질 없이 치러질 것이라고 발표했다.

그러던 2007년 12월 27일 베나지르 부토가 암살범들의 손에 사망했다. 당시 부토는 라왈핀디 거리에서 지지자들에게 연설을 마친 후였다. 부토의 사망으로 파키스탄 전역은 불안의 물결에 휩싸였고 무샤라프 정권에 대한 합법성 논란은 한층 더 가중됐다. 결국 2008년 2월 중순으로 연기된 총선에서 무샤라프의 정당은 완패했다. 국민 대다수가 샤리프와 암살당한 부토가 이끄는 정당을 지지했던 것이다.

어쩔 수 없이 무샤라프 대통령은 새로 총리로 임명된 파키스탄 인민당의 유수프 라자 질라니와 함께 그의 휘하에서 일하게 될 새로운 연합 정부에 선서를 했다. 그러나 대통령으로서의 지위는 날이 갈수록 위태로웠고 탄핵의 가능성마저 농후해져 결국 2008년 8월에는 대통령직을 사임하지 않을 수 없었다. 그로부터 며칠 뒤 연방 의회와 지방 의회는 파키스탄 인민당 지도자이며 베나지르 부토의 남편인 아시프 알리 자르다리를 새로운 대통령으로 선출했다.

독재 정권에 맞선 인도네시아의 저항 운동

아시아에서 세 번째로 인구가 많은 인도네시아는 총 인구수가 2억 명을 넘었으며 전후 역사는 독재 정권의 연속이었다. 우선 네덜란드의 식민 통치에서 벗어나기 위한 독립 투쟁에서 지도자 역할을 했던 수카르노가 1945년에서 1967년까지 대통령으로 권력을 장악했다. 따지고 보면 수카르노 집권기는 정치적 연합관계가 변화하는 시기였을 뿐만 아니라 독재 정권으로 이행하는 시기이기도 했다.

인도네시아는 처음에는 서구 스타일의 민주주의 국가였다. 적어도 원칙적으로는 그랬다. 그러나 수카르노는 그러한 통치 제도가 인도네시아에 적합하지 않다고 주장하면서 자칭 '교도 민주주의'를 주창했다. 그와 동시에 소련 및 중국과 긴밀한 관계를 구축함으로써 두 강대국으로부터 대규모 무기 공급을 받았다. 이에 미국 정부 또한 인도네시아가 소련 블록으로 흡수되는 것을 막기 위해 군수품 공급을 늘리기 시작했다.

수카르노는 처음부터 공산당원과 지지자들을 숙청했고 막강한 경제력을 휘두르던 중국인들을 탄압했다. 그다음 해에는 대략 50만 명의 사람들이 살해당했는데, 미국 중앙정보국CIA의 공식 보고서는 이를 두고 '20세기에 가장 잔혹한 대량학살 중 하나'로 기술했다.

군부가 자행한 이러한 무자비한 폭력으로 말미암아 수카르노의 권력은 급격하게 약화되었다. 또한 일련의 과정을 통해 대통령의 권위는 완전히 박탈당했다. 결국 수카르노는 1967년에 대통령직을 사임했고 1970년 사망할 때까지 자택에 감금되었다.

1965년은 인도네시아가 공산주의 파벌과 반공산주의 파벌 간의 투쟁으로 매우 혼란스러웠던 시기이다. 그 틈을 타서 육군 소장이었던 수하르토가 실질적인 권력을 움켜쥐게 되었다.

1968년에 수하르토는 수카르노를 대신해서 대통령이 되었다. 그는 서구 강대국들과 우호적인 관계를 맺음으로써 그들과의 경제적 유대를 강화했고 외국인 투자자를 유치하기 위해 문호를 개방했다. 내부적으로는 정권 유지를 위해 군의 힘을 강화했을 뿐만 아니라 정보기관을 창설해서 정치적 반발의 조짐을 은폐했다. 또 겉으로는 대통령 선거를 실시한다고 과시했지만 사실은 극소수의 정당, 그것도 수하르토가 엄선한 사람들에게만 선거 참여를 허락했다.

1975년 포르투갈에서 살라자르 독재 정권이 전복되고 뒤이어 포르투갈 군대가 동티모르 식민지에서 철수하자, 수하르토는 재빨리 인도네시아 군대를 파견해 동티모르에 대한 장기 점령의 서막을 알렸다. 수하르토 독재 정권은 동티모르가 인도네시아의

27번째 주가 되었다고 선언했다. 동티모르의 정치 세력들은 이에 반발해 독립 투쟁을 벌였으나 인도네시아 정부는 이를 잔혹하게 진압했으며 이로 말미암아 25년 동안 20만 명이 사망하는 참사가 빚어졌다.

이후 미국과 인도네시아, 포르투갈 간에 정치적 합의가 이루어짐으로써 1999년 동티모르에서는 유엔의 감시 하에 국민투표가 실시되었는데 그 결과 동티모르 국민의 압도적 다수가 독립을 선택했다. 1999년에서 2002년까지 유엔의 과도 행정기구는 동티모르 정당들과 함께 완전한 국권을 수립하기 위해 노력했다. 그리고 2002년에야 비로소 동티모르는 완전한 독립국가가 됨과 동시에 유엔 회원국이 되었다.

1998년 5월에 수하르토는 대통령직을 사임했다. 독재 정권에 맞선 저항 운동과 폭동이 2년 동안 급증하면서 어쩔 수 없는 상황에 봉착했던 것이다. 사실 노동력 착취에 반발한 좌익 정치 세력과 노동자 계급의 투쟁이 다시 부활하면서 수하르토 독재 정권은 막바지에 대혼란에 빠졌으며, 이 외에도 정권에 만연한 정실인사와 부패가 수하르토의 지지도 급락에 영향을 미쳤다.

당시 수하르토의 지인과 가족은 부를 독차지하고 호화로운 생활을 영위했던 반면, 일반 국민은 노동에 대한 대가조차 제대로 받지 못한 채 빈곤에 허덕이고 있었다. 수하르토의 축출은 인도네시아에 새로운 시대를 열었다. 민주적 원칙들이 제 기능을

발휘하게 되었고 2004년에는 수실로 밤방 유도요노Susilo Bam-
bang Yudhoyono가 직접 선거를 통해 인도네시아의 대통령으로 당
선되었다.

아웅산 수치가 이끄는 미얀마의 민주화 투쟁

미얀마에서는 세계에서 가장 주목을 받고 있는 민주주의 투쟁
이 진행 중이다. 수십 년 동안 억압적인 군부 통치에 시달렸으나
1990년대 초 노벨평화상 수상자인 아웅산 수치Aung San Sui Kyi의
탁월한 지휘 아래에서 정치적 변화를 요구하는 민주주의 운동이
활기를 띠게 된 것이다.

사실 국민민주연맹의 지도자인 수치는 1990년 총선에서 국민
민주연맹이 압승을 거두었음에도 군부의 반발로 미얀마의 수상
이 되지 못했다. 수치는 민주주의에 대한 연설에서 다음과 같이
열변을 토했다.

> "권력이 아니라 두려움 때문에 부패가 일어나는 것이
> 다. 권력 상실에 대한 두려움은 권력을 휘두르는 사
> 람을 부패시키고 권력의 채찍에 대한 두려움은 권력
> 에 종속되어 있는 사람을 부패시킨다."
>
> – 아웅산 수치의 1990년 사하로프 인권상 수락 메시지

수치는 군사 정권의 탄압으로 투옥되기도 하고 오랫동안 가택 연금 상태로 지내기도 했다. 또한 자신을 방문하길 원하는 대표단들과의 접촉이 엄격하게 제한되기도 하였다.

한편 2007년 8월 미얀마에는 군사 정권의 연료 가격 인상 조치에 반발한 시위가 일어났으나 순식간에 진압되었다. 그러나 그다음 달에 미얀마에서 신망이 높은 승려들이 시위를 주도했을 때 군사 정권은 짧게나마 이를 용납하기도 했다. 하지만 시위에 참가하기 위해 거리로 몰려든 사람이 수만 명으로 불어나자 군사 정권은 이내 본색을 드러냈다.

시위대에 경고를 보낸 후 군인들은 시민을 향해 무자비하게 폭력을 휘둘렀다. 사망자와 부상자들이 속출했으며 사망자 중에는 승려들도 포함되어 있었다. 그것도 모자라서 치안부대는 시위 조직책들을 일제히 검거하려고 사원까지 급습했고 수백 명의 승려들을 체포했다.

2008년 5월에는 엄청난 위력을 가진 태풍 사이클론 나르기스가 이리아디 델타 지역을 초토화시켰다. 이 때문에 15만 명에 육박하는 사람들이 목숨을 잃었다. 그러나 정권 수호에만 눈이 먼 군사정권은 구호단체의 손길을 차단하고 제한했다. 그 바람에 사망자 수는 더 급증하고 말았다.

분쟁과 기근 속에서 꽃핀 아프리카의 민주주의

아프리카는 두 번째로 인구가 많은 대륙으로, 9억 명에 달하는 사람들이 살고 있다. 북아프리카는 정치적으로 중동과 긴밀한 유대 관계를 유지하고 있는 반면, 사하라 사막 이남의 아프리카는 여러모로 사정이 다르다. 무엇보다도 사회적·경제적·종교적·문화적 배경이 각기 다른 48개의 국가가 공존하고 있다. 그런데도 이들 국가들은 역사학자인 제랄드 캐플란Gerald Caplan이 지적했듯이 "놀라울 정도로 비슷한 곤궁"에 처해 있다. 그는 사하라 이남의 광활한 대륙 전역에 "미개발과 분쟁, 기근, 에이즈, 포악한 통치" 등이 만연해 있다고 지적한다. 그러나 그러한 곤궁 속에서도 민주주의를 향한 투쟁은 예외 없이 계속되고 있다.

남아프리카공화국의 인종차별 정책과 만델라의 승리

아프리카의 민주주의 운동은 최근 수십 년 동안 남아프리카공화국의 인종차별 정책 철폐에 중점을 두고 있다. 남아프리카공화국은 인구가 4천 400만 명이고 그중 80퍼센트가 흑인이다. 그리고 전체 인구의 9퍼센트밖에 안 되는 백인은 크게 두 개의 집단으로 나뉜다. 하나는 17세기에 건너온 네덜란드 이민자의 후손인 아프리카너이고 다른 하나는 영국 이민자의 후손이다.

아프리카너가 남아프리카공화국에 정착하면서부터 아프리카 흑인들은 열등한 인종으로 취급당했다. 그리고 아프리카너가 중심이 된 국민당이 1948년 선거에서 승리한 이후 아프리칸스어로 '분리'란 뜻인 아파르트헤이트, 즉 인종차별 정책이 어엿한 국가 제도로 확립되기 시작했다. 남아프리카공화국은 국민을 네 개의 인종 집단, 즉 백인, 반투족, 혼혈인, 아시아인으로 나누어 이를 명확히 구분했다. 인구 통계는 피라미드 형태를 띠는데, 소수에 해당하는 상층에는 백인이, 다수에 해당하는 하층에는 흑인이, 그리고 중간에는 나머지 두 인종이 분포되어 있다.

개인의 권리는 개인이 속한 인종 집단에 따라 달랐다. 예를 들어 흑인은 투표권이 전혀 보장되지 않았고 혼혈인과 아시아인은 경우에 따라 투표권이 제한되었다. 정치적 권리뿐만 아니라 여행할 수 있는 곳과 참여할 수 있는 활동 등도 인종에 따라 각기 달랐다. 대중교통, 식당, 호텔, 수영시설 등도 인종에 따라 사용이 엄격히 구분되었다.

인종차별 정책에 저항하는 투쟁은 남아프리카공화국 내부에서 시작되었고 점차 외부로 확산되었다. 그중에서도 아프리카민족회의는 인종차별 정책 철폐 투쟁의 선봉장으로서 가장 중요한 역할을 담당했다.

그러나 남아프리카공화국 정부는 저항 세력을 무자비하게 진압했다. 대표적으로 1960년 5월에 일어난 사프빌 학살 사건에서는 시위대를 향해 총을 쏘는 바람에 69명의 시위자들이 목숨을 잃었다. 사망자 가운데에는 8명의 여성과 10명의 아이들이 포함되어 있었고 부상자들 또한 180여 명에 달했다. 이러한 무자비한 탄압은 투쟁의 지도층 인사들에게도 예외 없이 닥쳤다. 일례로 흑인 인권운동가 스티브 비코Steve Biko가 1977년 9월에 경찰에 구금되었다가 무자비한 고문 끝에 목숨을 잃고 말았다.

아프리카민족회의의 지도자로서 가장 존경받는 인물은 27년을 감옥에서 보낸 넬슨 만델라이다. 만델라는 처음에는 폭력 혁명을 지지했다. 그러나 시간이 흐르면서 비폭력 저항에 대한 정치적 신념을 키워나갔는데, 이는 마하트마 간디의 사상을 알게 되면서부터였다. 사실 간디가 정치 활동을 처음 시작했던 곳도 바로 남아프리카공화국이다.

만델라는 철창 안에서 남아프리카공화국의 정치와 경제를 근본적으로 개혁할 방안을 모색했다. 그런데 놀랍게도 이러한 방안에는 백인과 대다수 아프리카인과의 화해도 포함되어 있었다.

　인종차별 정책에 대한 전 세계 비난 여론이 커지면서 남아프리카공화국은 올림픽을 비롯한 각종 국제 스포츠 행사는 물론 영연방에서도 배제되었다. 또한 수출품에 대한 각국의 경제적 보이콧이 확산되는 바람에 경제적으로도 심한 타격을 입었다.

　결국 1990년 2월 만델라는 석방되었고, 아프리카너의 지도부 일각에서조차 인종차별 정책을 더는 유지하기 힘들다고 결정함으로써 인종차별 정책은 허물어졌다. 만델라가 석방되기 며칠 전에 남아프리카공화국의 대통령 프레데릭 드 클레르크F. W. de Klerk는 아프리카민족회의를 비롯해 여러 저항 조직들에 대한 정치 활동 금지를 해제했다.

　만델라는 석방되자마자 아프리카민족회의의 지도자로서 활동을 재개했다. 그로부터 4년 동안 그는 아프리카민족회의의 편에 서서 정부와의 협상을 주도했다. 그 결과 1994년에 모든 성인, 즉 흑인, 혼혈인, 아시아인, 백인 등이 모두 참여하는 선거를 치르게 되었고 1994년 5월 10일 만델라는 남아프리카공화국의 대통령으로 취임했으며 드 클레르크 전 대통령은 국민통일 정부의 부통령으로 임명되었다. 1993년에 만델라와 드 클레르크는 노벨평화상을 공동 수상했다.

　인종차별 정책이 폐지된 후 수립된 국민통일 정부는 전 백인 정권에서 자행된 범죄를 조사하기 시작했다. 그러나 이는 가해

자를 처벌하기 위해서가 아니라 과거의 잘못을 철저히 밝혀내고 이를 바탕으로 화해하기 위해서였다. 모두가 열정적으로 동참했기 때문에 이러한 과정은 매우 성공적이었다. 정작 힘들었던 것은 경제적·사회적 측면에서 근본적인 개혁을 달성하는 것이었다.

이제 모든 남아프리카공화국 국민은 평등한 권리를 향유할 수 있는 민주주의 국가에서 살고 있다. 적어도 원칙적으로는 그렇다. 학식 있고 정치적으로 영향력이 있는 아프리카계 엘리트 계층도 등장했고 부유층에 발을 들여 놓은 아프리카계 흑인들도 생겨났다.

그러나 소득과 재산을 살펴봤을 때 남아프리카공화국은 여전히 백인과 그 나머지 국민 다수로 양분되어 있다. 또한 외국인 투자를 환영하고 민간 부문의 기준에 따라 움직이는 전 세계 시장경제 체제에 동참하고 있다.

사실 남아프리카공화국의 민주주의 운동은 전 세계 국민에게 희망의 햇불을 밝혀주었다는 측면에서 그 의의가 높다. 그러나 과거의 유산, 즉 인종 때문에 국민의 평등한 권리가 침해당하는 일이 일어나지 않는 그런 완전한 민주주의 국가를 달성하기에는 아직도 갈 길이 멀다.

강대국 이권 다툼의 희생양, 아프리카

남아프리카공화국을 제외한 사하라 이남의 아프리카 국가들의 경우, 나라마다 각기 다르지만 민주주의와 인권 현황은 전체적으로 볼 때 결코 긍정적이지 못하다. 그런데 이러한 문제점들은 대부분 유럽 식민주의 역사와 탈식민지화 과정에서 비롯되었다.

19세기 말에 최고조에 달했던 아프리카에 대한 유럽의 대공세 때, 제국주의 열강들은 아프리카의 영토를 합병하는 과정에서 피정복민의 문화와 역사, 사회 구조 등을 전혀 고려하지 않았다. 단지 광물과 농산물을 유럽에 수출하는 과정에서 이윤을 극대화하기 위해 땅에 투자를 했을 뿐이다. 예를 들어 남아프리카공화국에서는 다이아몬드와 금을, 그 외의 지역에서는 코코아와 구리를 찾느라 여념이 없었다.

제국주의 열강들이 철도와 항구, 그 외의 기반산업을 건설하기 위해 아프리카 식민지에 막대한 자본을 쏟아부었던 이유도 제국주의 열강과 식민지 사이의 무역을 촉진시키기 위함일 뿐이었다. 그들은 식민지 자체의 경제 발전에는 전혀 관심이 없었다. 그러다 보니 식민지들은 성장은커녕 늘 착취를 당할 수밖에 없었으며 식민지 주민의 노동 조건은 인간적 삶과 물질적 풍요로 가는 길이 아니라 오히려 비참한 정반대의 길을 걸었다.

1950년대 말에서 1970년대 초 사이에 영국과 프랑스, 벨기에, 포르투갈 등이 아프리카 식민지에 대한 그들의 주권을 포기했으며 이 중 프랑스는 알제리 독립 운동 세력과 한바탕 전쟁을 치른 후에야 알제리에 대한 지배권을 포기했다. 가나, 나이지리아, 케냐, 우간다, 탄자니아, 로디지아(현 짐바브웨) 등의 국가들은 영국의 통치에서 벗어나 소수 백인의 통치 기간을 거친 후에 영국의 긴 식민지 명단에서 하나둘씩 사라져갔다.

걸으로 보기에 이러한 국가들은 신생 국가처럼 보였다. 수도와 국기, 경계선 등이 갖추어져 있었고 식민지 통치의 유산인 영국 스타일의 의회 제도와 사법 제도, 그리고 군복까지도 갖추고 있었기 때문이다. 그러나 신식민지 열강으로 탈바꿈한 구식민지 열강과의 경제적 유대가 계속됨으로써 국민의 삶은 열악한 상태를 벗어나지 못했다. 게다가 부족과 종교 갈등과 같은 잠재해 있던 현실적인 문제들까지 표면화되면서 미약하나마 민주주의 국가 건립에 토대가 되었던 제도적 기틀들이 뿌리째 흔들렸다.

다당제 민주주의를 채택한 정부들은 독재자들이 권력을 잡으면서 와해되었고 이러한 독재자들은 쿠데타를 일으키기 위해 군부와 손을 잡는 일이 다반사였다. 일례로 우간다에서는 1971년 1월에 이디 아민Idi Amin이 신생 군대의 수장이라는 지위를 이용해 정권을 잡았는데, 그는 정권을 잡자마자 민주적 제도를 폐지하고 테러 통치를 시작했다. 그 결과 수만 명의 사람들이 목숨을 잃었다. 특히 우간다 인구의 상당수를 차지하는 아시아인을 무참하게 탄압했는데, 이들 대부분이 우간다의 상업을 주도하는 인도인이었다. 결국 이러한 피의 복수로 말미암아 8만 명의 아시아인이 우간다에서 쫓겨나 영국, 캐나다, 스웨덴 등으로 피신했다.

식민 통치에서 벗어나 공식적으로 주권을 인정받은 독립국임에도 불구하고 사하라 이남의 아프리카는 변함없이 강대국들의 이권 다툼장이 되었다. 강대국들은 원자재를 확보하고 지정학적 영향력을 발휘하는 과정에서 좀 더 유리한 고지를 차지하고자 혈안이 되어 있다. 냉전 시대에 미국과 소련은 그 전에 영국과 프랑스가 그랬던 것처럼 그들이 선호하는 정치 지도자와 정치 파벌을 지지했다. 이 뿐만 아니라 그들의 이익을 위협하는 세력들이 나타나면 무력화하기 위해 책략을 꾸미기까지 했다. 소련이 붕괴된 이후에는 중국이 새로운 강자로 떠올랐는데, 대규모 인종 청소로 완전히 피폐해진 수단을 포함해 많은 아프리카 국가에서 현재 맹활약하고 있다.

1956년에서 1985년 사이에 아프리카에는 폭력을 동반한 쿠데타로 정권을 잡은 국가가 60개국에 달했다. 그런데 이렇게 많은 권력 다툼에는 강대국들의 이해관계가 연루되어 있다. 예를 들어 1961년 콩고에서는 국민이 선출한 지도자 파트리스 루뭄바 Patrice Lumumba가 총리직에서 해임되고 유혈 쿠데타 과정에서 암살을 당하는 일이 벌어졌다. 그런데 그 이면에는 미국과 벨기에

의 이해관계가 얽혀 있었음이 밝혀졌다.

가나에서는 크와메 은크루마Kwame Nkrumah가 미국 중앙정보국이 배후에서 조종한 쿠데타로 대통령직에서 축출되었다. 그는 폭넓은 존경을 받은 지도자였을 뿐만 아니라 아프리카에서 강대국의 영향력을 약화시키기 위해 힘썼던 인물이었다.

독일 식민지였다가 벨기에로 통치권이 넘어간 르완다의 경우에는 1990년대에 부족 간의 갈등이 극에 달했다. 당시 50만 명의 투치족이 후투족에게 무참하게 살해를 당했는데, 이러한 부족 갈등은 벨기에가 르완다를 위탁 통치할 때 두 부족을 차별 대우한 결과였다. 그 외에 경작지가 턱없이 부족한 점도 이러한 참사를 일으킨 주요 요인으로 작용했다.

물론 르완다 대학살은 극단적인 사례이다. 그러나 소수 부족과 소수 종교로 말미암은 내전과 분리주의 운동, 유혈 탄압 등은 아프리카 국가에서 이루 헤아릴 수 없을 정도로 빈번하게 벌어진다. 그리고 그 과정에서 어린아이들이 납치되고 강제적으로 군인이 되어야 했다. 어디 그뿐인가? 조직적인 강간 또한 빈번히 일어났다. 이러한 비극적인 전쟁과 내분으로 아프리카 대륙의 에이즈, 가뭄, 식량 부족 문제는 더욱 악화되었으며 사람들은 고향을 등지고 난민 수용소로 가야만 했다.

아프리카의 비극은 지난 5세기에 걸친 세계 역사의 산물이다. 이를 해결하려면 사하라 이남의 아프리카 국가들 내부에서 민주주의 확립과 인권 보장을 위한 움직임이 일어나야 하고 경제 개발부터 이루어져야 한다. 또한 외부의 관심과 지원도 절실하다. 물론 이는 강대국들이 식민주의와 신식민주의에 기초한 사고방식을 먼저 버려야만 가능한 일일 것이다.

　아프리카에서 진정한 민주주의를 달성하려면 다당제 선거와 같은 과시적 요소만으로는 부족하다. 강대국들이 더는 정치적 파벌의 후원자 노릇을 하지 못하게 하고, 유혈 쿠데타와 내전을 배후에서 조종하는 실질적인 지배자 노릇을 하지 못하게 만들어야 한다. 그렇지 않고서는 아프리카의 진정한 민주주의는 달성할 수 없다.

RWANDA

6장

자본주의,
민주주의를
후퇴시키다

◇·◇·◇·◇·◇·◇·◇·◇·◇·◇·◇·◇·◇

금권정치가 등장할 수 있었던 원동력은 바로 세계화였다.
그중에서도 특히 세계무역기구와 유럽연합,
북아메리카 자유무역협정 등과 같은
경제 블록이 금권정치에 날개를 달아주었다.

◇·◇·◇·◇·◇·◇·◇·◇·◇·◇·◇·◇·◇

막대한 자본과 민주주의와의 싸움

최근 수십 년 동안 미국은 세계에서 유일한 강대국으로 부상했다. 그러나 부자와 나머지 국민과의 격차가 전례 없이 벌어지면서 미국의 민주주의는 갈수록 위기가 고조되고 있다. 드와이트 데이비드 아이젠하워Dwight D. Eisenhower 대통령은 1961년 고별 연설에서 군산업 복합체가 미국의 안녕을 위협하는 요소임을 경고한 바 있다. 아니나 다를까 군부와 유대 관계를 맺은 미국 기업들은 성장을 거듭하여 어느덧 국민보다 더 막강한 힘으로 정부에 영향력을 미치고 있다. 다시 말해 미국의 민주주의는 돈만 있으면 정부 요직에 오를 수 있는 금권정치의 위협을 받고 있는 것이다. 연방 정부든 주 정부든 할 것 없이 말이다.

미국의 민주주의와 자본의 힘

토마스 제퍼슨Thomas Jefferson은 미국이 건국 이념을 실천할 수 있느냐 없느냐는 자기 소유의 토지에서 경작을 하는 소작농에 달려 있다고 믿었다. 그러나 시간이 흐르면서 미국은 농업 중심 국가에서 탈피했다. 남북전쟁 이후 새로운 모습으로 재탄생한 미국은 수십 년에 걸쳐 경제 전체가 재계의 거물들에 의해 재편되었다.

스탠더드 오일의 존 록펠러John D. Rockefeller, 유에스 스틸의 앤드류 카네기Andrew Carnegie, 포드 모터 컴퍼니의 헨리 포드Henry Ford, 은행가이자 금융자본가로 이름을 떨친 존 피어폰트 모건 2세John Pierpont Morgan Jr. 등이 이에 속한다.

이러한 인물들은 정치 지도자들을 무색하게 만들었을 뿐만 아니라 정치가의 도움이 필요할 때는 돈으로 매수했다. 또 필요하면 폭력배까지 고용해 회사의 노동자들을 조직화하려는 노동조합을 와해시켰다. 1920년 캘빈 쿨리지Calvin Coolidge 대통령은 이러한 기업인의 가치를 다음과 같이 한마디로 요약했다.

"미국이 할 일은 돈 버는 일이다."

미국에서 '막대한 자본'과 '민주주의'와의 싸움은 변하지 않는 하나의 특징으로 자리 잡았다. 그 과정에서 자본이 승리를 할 때도 있었고 민주주의에 새로운 힘을 불어넣은 위대한 개혁가들이 승리할 때도 있었다.

제1차 세계대전 이후 대기업은 성장을 가로막는 장애물은 무엇이든 쓸어버릴 수 있을 만큼 막강해진 반면 개혁 세력들은 크게 약화되었다. 이러한 분위기가 조성될 수 있었던 이유는 바로 '적색 공포'와 '팔머 습격' 때문이었다.

팔머 습격은 우드로 윌슨 대통령 시절 법무장관이었던 알렉산더 미첼 파머가 주도했다고 해서 그의 이름을 딴 것이다. 이를 계기로 노동조합원과 급진적인 정치인들은 일제히 검거되고 투옥되었을 뿐만 아니라 저지르지도 않은 죄를 뒤집어써야 했다. 이들의 죄목은 대부분 폭동 선동죄였는데, 이는 급진적인 개혁 지지를 범죄화하려는 목적에서 1918년에 제정된 '치안법'에 근거한 것이었다.

그러나 1933년 대공황이라는 최악의 시기에 20세기의 위대한 개혁 대통령 프랭클린 델러노 루즈벨트가 대통령으로 취임하면서 사정은 급변했다. 사실 루즈벨트는 막대한 재산을 상속받은 재력가이다. 그런데도 노동자 계급과 실업자를 옹호했고 이 때문에 부유층에게 배반자로 낙인찍히기도 했다.

루즈벨트가 주창한 뉴딜 정책은 갈수록 광범위한 지지층을 확보함으로써 새로운 민주적 동맹 세력을 규합하는 데 크게 기여했다. 이 동맹에는 노동자뿐 아니라 노동조합원, 농부, 이민자,

지식인, 작가, 영화제작자, 그리고 당시 선거권이 있던 북부 흑인들 대부분이 참여했다.

그리고 이러한 정치 동맹은 미국에서 가장 중요한 사회복지 프로그램인 사회보장연금 제도를 확립하는 과정에 결정적인 역할을 했다. 또 제2차 세계대전 당시 미국의 역할과 전후 평화 정착 과정을 감독하기도 했다.

한편 1950년대에는 위스콘신 주 상원의원인 조셉 매카시가 국회 청문회를 개최해서 공산주의자와 그 동조자를 폭로한 사건이 벌어졌다. 매카시즘 때문에 미국 전역은 공포 정치에 또 한 번 시달리게 된다. 그런데도 뉴딜 정책을 확립하고 전쟁을 승리로 이끌었던 이 정치적·사회적 동맹 세력은 1960년 대선에서 다시 한 번 힘을 결집했다. 그리고 치열한 접전 끝에 케네디를 대통령으로 당선시켰다.

프랭클린 루즈벨트의 정치적 동맹 세력이 마지막으로 달성했던 위대한 업적은 1963년에 케네디 대통령이 암살당한 이후에 이루어졌다. 린든 존슨 대통령의 지휘 아래 미국 의회가 아프리카계 미국인의 투표권을 보장하고 인종분리 정책의 잔재를 금지하며 빈곤과의 전쟁을 알리는 개혁 법안을 통과시켰던 것이다.

이 개혁들은 거대한 정치적 반발을 초래했을 뿐만 아니라 남부 백인들이 대거 민주당에서 공화당으로 옮겨가는 사태를 유발시켰다. 이러한 정치적 격동과 함께 경제적으로도 많은 변화가 일어나기 시작했다. 일본과 서독으로부터의 수입이 대폭 증가한 데다가 저임금 개발도상국으로부터의 수입이 시작된 것이다. 이로 말미암아 미국의 전후 대산업주의 시대, 즉 노동조합주의의 절정기는 막을 내렸다.

미국에 기반을 둔 다국적 기업들은 목표 시장과 생산 시설을 전 세계로 확대하기 시작했다. 반면 미국을 비롯한 선진국에서의 노동자의 임금은 동결되었다. 미국과 캐나다에서는 1950년 ~1970년 사이에 노동자의 실질 임금이 두 배 정도 인상되었는데 1980년 이후부터는 실질 임금이 제자리걸음을 하고 있다. 구체적으로 살펴보면, 미국의 경우 2007년에 국민소득에서 임금이 차지하는 비율은 1928년과 동일한 수준이다. 그러나 1980년대에 일반 노동자보다 40배 이상을 벌었던 대기업의 최고 경영진은 이제 100배, 때로는 200배 이상을 벌어들이고 있다.

미국의 금권정치와 민주주의의 퇴보

노동자에 비해 기업인의 영향력이 전례 없이 커지면서 정치에서 돈의 역할 또한 그에 비례해 커졌다. 결국 1990년대에 와서 미국의 민주주의는 금권정치로 변모하기 시작했다. 정치적 결과물을 좌지우지하는 수단으로 부와 돈만 한 것이 없는 세상이 된 것이다.

1992년에 미국 경제는 혹독한 침체의 늪에서 벗어나 회복기에 접어들었다. 당시 경기 침체는 조지 부시 대통령의 힘을 무력화시켰던 반면 빌 클린턴의 존재를 부각시켰다. 1992년에 빌 클린턴이 "바보야, 문제는 경제야!"라는 대선 구호로 조지 부시를 물리칠 수 있었던 것도 모두 이 때문이었다.

그러나 미래의 역사가들이 당시 대선을 돌이켜 살펴본다면 경선에서 세 번째 주자로 달리던 로스 페로Ross Perot에게 시선을 돌릴 가능성이 농후하다. 1992년에 돈키호테 같았던 페로의 대선 출마는 미국 정치를 뒤바꾼 결정적 계기가 되었기 때문이다.

페로가 다른 정치인과 확연히 구별되는 것은 그의 정치적 배경이다. 그는 미국 정계를 주도하는 공화당이나 민주당에서 화려한 정치적 이력을 쌓은 후에 대선 출마를 결정한 것이 아니다. 페로가 내세운 것은 그를 어마어마한 부자로 만들어준 사업 경력이었다. 사람들이 그의 대선 출마를 진지하게 받아들일 수 있었던 것도 호화로운 선거전을 치를 재력이 충분했기 때문이다.

페로는 일반인과 서민적으로 대화할 수 있는 방법을 알았고, 그 덕분에 미국 경제를 이끌 인물로 자기만한 적임자가 없다는 주장을 했으며, 이 주장은 곧 설득력을 발휘했다. 그러나 무엇보다 설득력 있던 그의 선거 수단은 바로 돈이었다.

재력가가 대통령 후보자로 출마한 것이 처음 있는 일은 아니지만 모두 민주당이나 공화당의 후보자로 출마했었다. 공화당의 테오도르 루즈벨트와 민주당의 프랭클린 루즈벨트가 이에 해당되는데, 두 사람 모두 재력가였으며 대통령으로 당선되었다. 페로처럼 자격 조건으로 돈만 내세운 채 무소속으로 대통령 선거에 출마한 후보자는 없었다.

페로가 1992년과 1996년에 대통령 후보자로 정계에 입문한 이후 그의 선례를 따라 정계에 입문하는 사람들이 생겨나기 시작했다. 대표적인 인물을 들자면 출판 재벌인 스티브 포브스를 꼽을 수 있는데, 1996년과 2000년에 공화당 대통령 후보 지명전에 출마했다. 그는 정치인으로 성공하기에는 재능이 부족했지만 그가 가진 재력만으로 대선 경쟁에 참여할 수 있었다.

그러나 우리는 포브스보다 조지 부시에 주목할 필요가 있다. 2000년 대선 당시 총 득표수에서 다른 후보에게 뒤졌음에도 대통령이 되었으니 말이다. 이는 수십 년 만에 처음 있는 일이었다. 게다가 그는 선거 운동에서 전례 없이 많은 돈을 쓰고 대통령이 되었다.

그로부터 4년 후 부시와 민주당의 대선 후보 존 케리는 연방 정부의 선거보조금 한계를 초과함으로써 각 정당의 후보 지명전 선거 기간에 연방 정부로부터 지원을 받지 못했다. 2008년에도 양 정당의 후보자들이 각 정당의 대통령 후보 지명전에 출마했을 때 당선에 결정적인 기여를 했던 것은 바로 돈이었다. 당시 후보 지명전과 총선 과정에서 소요된 비용은 과거의 모든 선거를 왜소해 보이게 만들 정도였다.

　공화당 후보자였던 상원 의원 존 매케인은 선거 자금이 그리 넉넉하지 않았던 반면 민주당 지명전에 나선 두 후보, 즉 상원 의원 버락 오바마와 힐러리 클린턴은 엄청난 선거 자금을 모음으로써 연방 정부의 보조금 없이 긴 지명전을 치렀다. 또 2008년 6월에 오바마 선거 운동 본부에서는 8천 400만 달러에 달하는 선거 보조금을 받지 않는 대신, 자체적으로 모금 활동을 벌여 선거 자금을 충당하겠다고 발표했다. 이는 오바마가 선거 운동 과정에서 무제한으로 선거 자금을 쓸 수 있음을 뜻하는 것이었다. 주요 정당을 대표하는 후보자가 공식적인 가을 선거 운동 기간에 연방 정부로부터 보조금을 받지 않은 사례는 1976년에 선거 보조금 제도가 도입된 이래 처음 있는 일이었다.

　이러한 금권정치 현상은 미국에서 가장 두드러지게 나타나고 있다. 그러나 그 외의 여러 선진국에서도 민주주의는 기껏해야 자기 자리를 고수하거나 퇴보할 조짐을 보이면서, 이와 비슷한 현상들은 눈에 띄게 증가하고 있다.

정치적 동맹의 시도, 유럽연합의 탄생과 과제

금권정치가 등장할 수 있었던 원동력은 바로 세계화였다. 그중에서도 특히 세계무역기구와 유럽연합, 북아메리카 자유무역협정과 같은 경제 블록이 금권정치에 날개를 달아주었다. 세계무역기구만 보더라도 전 세계 자본의 자유로운 흐름을 규제하기 때문에 각국 정부는 자국의 사회적 목표를 달성하기 위한 시장활동을 제한하거나 활성화할 때 많은 제약을 받는다.

유럽연합의 민주적 구조의 확립

유럽연합은 민주주의의 실천과 자각에 지대한 영향을 미쳤다. 이제 회원국 수만 27개에 달하는데, 하나의 국가로 치면 총 4억 명이 넘는 인구를 보유한 셈이다. 1951년에 6개국이 모여 유럽

석탄철강공동체를 창설함으로써 통합과정의 첫 신호탄을 터뜨린 이래, 유럽연합은 유럽인의 대표자로서 법을 제정할 수 있는 권한이 크게 확대되었다. 또 유럽석탄철강공동체는 수십 년에 걸쳐 유럽경제연합과 단일 시장, 유럽연합과 유럽시민권을 탄생시킨 '마스트리흐트조약' 그리고 유럽연합 회원국을 위한 단일 통화 등으로 발전했다. 그뿐만이 아니다. 아직 실현되지는 못했지만 정치적으로도 더 긴밀한 연합체로 거듭나기 위한 협상 중에 있다.

민주주의 국가가 경제적으로뿐만 아니라 정치적·사회적 동맹을 확립하기 위해 자발적으로 자국의 주권을 상호 공유한 사례는 전 세계에서 유럽연합이 최초일 것이다.

프랑스 스트라스부르에 본부가 있는 유럽의회의 의원은 회원국 국민들이 4년마다 직접 선출한다. 이 의원들은 모든 유럽인들에게 구속력이 있는 법을 제정한다. 주요 쟁점을 논의할 때는 자국의 언어를 사용하는데, 각국의 언어로 동시 통역되기 때문에 큰 문제가 되지 않는다.

그런데 특이한 점은 각국 대표단이 국가가 아닌 정치적 성향에 따라, 즉 공통된 견해를 공유하는 의원끼리 집단을 이루어 자리에 앉는다는 것이다. 예를 들어 사회민주당원과 사회당원은 유럽사회당으로 분류되어 함께 앉는데, 대표적으로 독일 사회민주당원과 프랑스 사회당원, 영국 노동당원이 이에 속한다. 한편 우익정당들은 유럽인민당으로 분류되어 함께 앉는데, 특히 기독민주당들이 다수를 차지한다.

단일 정치 조직체를 향한 이러한 조치들은 괄목할 만한 업적으로 평가된다. 역사적으로 유럽은 세계대전을 두 번이나 치렀고, 그 과정에서 수백만 명이 사망했으며 대륙 전역이 초토화되었다. 그러나 이제 유럽은 그러한 과거를 뛰어넘어 공통의 시민권과 이동의 자유, 그리고 전쟁과 전쟁의 위협으로 분열되었던 유럽인을 하나로 결집시키는 유럽연합의 민주적 구조를 확립했다.

그러나 유럽연합의 대중 정치는 각 회원국의 국가적 성격을 벗어 던지지는 못했다. 각국의 정치 투쟁은 수세기에 걸쳐 내려온 전통에서 비롯되기 때문이다. 예를 들어 프랑스에서는 정치적 흐름이 프랑스 혁명까지 거슬러 올라간다고 말해도 과언이 아니다. 이로 말미암아 대혁명과 반혁명의 국면은 현 권력 투쟁에서도 중요한 부분을 차지한다.

영국도 마찬가지로 독자적인 정치적 전통이 있다. 900년 동안 외세의 침략을 모두 격퇴했을 뿐만 아니라 의회 제도와 입헌군주제를 동시에 채택하는 독특한 정치제도를 정착시켰으니 말이다. 사실 따지고 보면 유럽연합 회원국 모두가 자국만의 독자적인 전통을 가지고 있다고 볼 수 있다.

유럽인의 관점에서 볼 때, 유럽연합은 많은 이점과 성과에도 불구하고 매우 관료적이며 불투명하고 당황스러울 정도로 복잡한 제도들의 집합체이다. 게다가 유럽연합이 내린 결정들은 각국 국민에게 지나치게 독단적이고 간섭하는 것처럼 보이기 일쑤이다. 그러다 보니 유럽 각국은 브뤼셀 본부에서 일하는 공무원들이 지나친 관료주의에 빠져 있다며 뼈 있는 농담을 주고받고 있다. 그러나 유럽연합의 관료주의는 각 회원국의 관료주의에 비하면 정말 미미할 뿐만 아니라 유럽연합의 공무원 숫자도 파리나 런던의 공무원 숫자와는 비교가 안 될 정도로 적다.

유럽연합은 회원국의 경제에 실질적인 영향을 미칠 수 있는 명령을 내린다. 예를 들어 회원국이 자국 내 산업에 국가 보조금이나 세금 혜택을 제공할 때 유럽연합은 그런 조치가 유럽의 경제 정책에 위배되기 때문에 철회해야 한다고 판결을 내리곤 한다.

그런데 회원국 입장에서 볼 때 보조금이 자국 내 일자리를 보존하기 위해 필요하다고 여겨진다면 유럽연합의 철회 결정은 민주적으로 선출된 정부가 국민을 위해 행동할 권리를 막는 것처럼 생각될 것이다. 이런 이유로 유럽연합은 유럽의 많은 정치인들에게 민주주의를 위협하는 요소로 느껴질 수밖에 없다.

유럽연합이 극복해야 할 과제

유럽연합은 회원국이 27개(현재 28개국이다.—편집자주)로 급속히 팽창하면서 의사결정 과정을 통제하기가 더 힘들어졌고 투명성도 약해졌다. 양적 팽창으로 말미암아 선진 경제, 상호 유사한 사회적·경제적 제도를 갖춘 유럽 국가들의 모임이란 성격이 약화되었기 때문이다. 이는 스칸디나비아와 이베리아 반도의 국가들, 그리고 1989년 이전에 소련 제국의 일부였던 동유럽 국가들이 회원국으로 활동하고 있다는 사실만 봐도 알 수 있는 일이다. 회원국 간의 문화적 차이도 크고 경제 상황과 사회 구성도 매우 다양해진 것이다.

이러한 문제점을 인식한 유럽연합은 더 효과적이고 더 민주적인 조직체로 거듭나려면 더 많은 권한이 필요하다고 주장한다. 그래서 현재 이와 관련한 새로운 조약을 협상하고 있다. 그러나 많은 국가의 국민이 반발하고 있어서 난항을 겪고 있다. 그들은 국가 권위의 축소로 이미 불이익을 당하고 있고 더 이상은 중앙집권화가 강화되는 것을 원치 않기 때문이다.

민주주의적 관점에서 볼 때, 유럽연합은 국가의 권위와 유럽의 권위 사이에 위태롭게 놓여 있다. 사실 유럽연합 제도들이 진정으로 민주화를 이루려면 문화적으로나 정치적으로 근본적인 변화가 수반되어야 한다. 그렇게 되려면 유럽 전체를 아우르는 정치 문화가 필요하다. 그러나 현실은 어떠한가?

엘리트 계층의 제한적인 움직임을 제외하면 그런 정치 문화의 싹은 눈을 씻고 봐도 보이지 않는다. 과연 각 회원국은 정치 참여를 위해 얼마나 분발하고 있는가? 폴란드와 프랑스, 독일, 이탈리아 등만 해도 자국의 정치제도와 전통을 고수하고 있다. 물론 유럽연합이 원활히 기능하려면 더 많은 권력이 중앙에 집중되어야 한다. 그러나 일반 국민에게 부여된 민주주의를 축소하지 않은 채 이러한 일을 달성하기란 상상하기조차 힘들다.

수년 동안 유럽연합의 완전한 회원국이 되려고 부단히 애썼던 터키를 보면 유럽 민주주의의 성격을 꿰뚫어 볼 수 있다. 이슬람 국가이며 아시아와 유럽의 경계선에 위치한 터키는 북대서 양조약기구의 회원국이다. 공식적으로는 민주주의 국가이지만 군부가 핵심 권력을 장악하고 있으며 최근에는 이슬람 운동 세력이 급증하면서 정치적인 소용돌이에 휩싸이기도 했다.

이러한 정황 탓에 유럽연합 회원국들은 자칫 이슬람 국가를 받아들여 분란에 휩싸이게 될까 봐 공공연하게 걱정하고 있다. 이들 국가는 터키가 아직 민주주의가 성숙하지 못하다고 우려하고 있으며, 그 때문에 지금까지 터키는 유럽연합의 준회원국 지위에서 벗어나지 못하고 있다.(유럽연합은 2016년 그리스의 시리아 난민을 터키로 송환하는 대가로 터키에 30억 달러 이상을 지원하고 터키의 유럽연합 가입과 유럽 비자 규제 완화 등을 추진하기로 했다.―편집자주)

민주주의 발목을 잡는 세계화

1989년에 캐나다와 미국의 자유무역협정이, 그리고 1994년에 멕시코가 추가된 북아메리카 자유무역협정이 체결되면서 캐나다의 민주주의는 많은 타격을 입었다.

두 협정 모두 자유무역지대를 창설하기 위한 협정으로 불리지만 투자의 흐름, 외국인 소유권에 관한 법, 전략적 자원 관리 등에 지대한 영향을 미치는 조항들을 포함하고 있다.

캐나다와 멕시코의 입장에서 볼 때, 북아메리카 자유무역협정은 캐나다 연방 정부와 주 정부의 힘을 엄격히 제한한 것이다. 물론 미국도 마찬가지 상황이지만 두 국가보다는 우세한 위치에 있기 때문에 제약이 훨씬 덜하다.

이 협정으로 각 회원국은 상대국 기업을 내국민과 차별 없이 동등하게 대우해야만 했다. 사실 캐나다는 외국인의 지나친 직접 투자를 통제하는 법안을 통과시켰던 국가이다. 게다가 이 법은 미국을 염두에 둔 것이었다. 그러나 자유무역협정으로 캐나다 정부는 세금 정책과 보조금 정책을 통해 캐나다인 소유의 기업을 보호할 수 있는 권한을 축소해야 했다.

북아메리카 자유무역협정에서 세 회원국의 국민이 좀처럼 이해할 수 없는 부분은 조약의 제11장이다. 제11장에 따르면 특정 상품에 대한 교역이 시작되면 이 상품을 자국의 영토에 선적하는 것을 금지할 수 있는 회원국의 권리가 명확히 제한된다.

예를 들어 화학회사가 특정 살충제를 미국에서 캐나다로 선적하기 시작하면 캐나다 연방 정부나 주 정부는 환경적으로 위험하다거나 국민 건강을 해친다는 이유로 선적을 중지시키기가 매우 힘들어진다. 일단 상품 교역이 시작되면 기업은 제11장에 의거해 정부의 새로운 규제에 항의할 수 있기 때문이다. 게다가 자신의 행동을 정당화해야 할 책임은 기업이 아니라 정부에 있다.

또 자국의 석유산업을 통제할 수 있는 캐나다 정부의 권한도 축소되었다. 이 협정에 따르면 캐나다 정부는 자국에 판매할 목적으로 석유 가격을 미국보다 더 낮게 책정할 수 없게 되어 있다. 그뿐만이 아니다. 3년 전과 동일한 수준으로 석유를 수출하기 위해 노력해야 한다. 이러한 조항은 원유를 수입에 의존하는 캐나다 동부 지역에서 석유 부족 현상이 빚어질 때조차도 계속 유효하다.

이 외에 캐나다에 매우 불리한 조항이 하나 더 있다. 미국에서 특정 부문의 경쟁이 너무 치열하다고 판단될 때 캐나다 수입 품목에 추가 관세를 매김으로써 자국의 산업을 보호할 수 있다는 점이다. 미국은 수년 동안 이런 식으로 캐나다의 침엽수 목재 수출을 제한했다.

물론 미국이 자국의 무역법을 활용하면 캐나다와 멕시코도 보복 조치로 그렇게 할 수 있다. 그러나 그것은 이론상으로나 가능한 일이지 현실적으로는 불가능하다. 이들 두 국가의 대미 수출 의존도가 미국이 그들에게 의존하는 것보다 훨씬 높아서 잘못했다가는 막대한 손실을 초래할 수 있기 때문이다.

캐나다 입장에서 보면 북아메리카 자유무역협정은 자국의 시, 주, 연방 정부보다 높은 곳에 앉아서 호령하는 네 번째 정부나 다름없다. 정치적 의사결정자가 이렇듯 근접할 수 없는데 유권자는 말해 무엇 하겠는가. 이 협정은 민주적 의사결정의 투명성과 효율성을 축소시켰고, 그러다 보니 일반 시민들이 정치 참여에 대해 회의를 느끼지 않을 수 없게 되었다.

세계화와 자유무역지대의 파급 효과로 일반 시민들 사이에서는 정치 과정에 자신들이 미칠 수 있는 영향력이 거의 없다는 인식이 퍼지고 있다. 유권자의 정치적 관심이 감소하고 있다는 것을 알 수 있는 결정적인 증거는 바로 투표율이다. 이는 캐나다에

꼭 들어맞는 사례로, 연방선거 참여율이 지난 20여 년 동안 전체 유권자의 75퍼센트에서 59퍼센트로 하락했다.

이렇듯 선진국 전역에서 대중 정당의 중요도가 점점 약해지면서 캐나다와 영국에서처럼 의회 제도 내부에서는 대통령제 유형의 정치가 갈수록 인기를 얻고 있다. 또 유럽과 북아메리카에서는 민주주의 세력과 강력한 경제 블록을 도입한 세력 사이에

주요 유럽 국가들의 투표율		
국가	1960년대 투표율	2000년대 투표율
캐나다	75.7%(1968)	59.1%(2008)
덴마크	89.3%(1968)	86.6%(2007)
프랑스(대선)	84.2%(1965)	84.0%(2007)
프랑스(총선)	81.1%(1967)	60.4%(2007)
독일	86.7%(1969)	77.7%(2005)
아이슬란드	91.4%(1967)	83.6%(2007)
인도	60.9%(1967)	57.7%(2004)
이탈리아	92.8%(1968)	80.4%(2008)
일본	74.0%(1967)	67.5%(2005)
노르웨이	83.8%(1969)	77.4%(2005)
영국	76.0%(1966)	61.4%(2005)
미국	60.8%(1960)	60.7%(2008)

＊미국에서 유권자는 반드시 유권자 등록을 해야 한다.

서 투쟁이 일어나고 있다. 이러한 투쟁이 어떤 식으로 해결되느냐에 따라 서구 민주주의는 활력을 되찾을 수도 그렇지 못할 수도 있을 것이다.

7장

멈추지 않는
민주주의를 위하여

◇·◇·◇·◇·◇·◇·◇·◇·◇·◇·◇·◇·◇

민주주의는 결코 정지 상태에 있지 않을뿐더러
과거의 영광스런 기념물도 호소력 있는 선언문도 아니다.
민주주의는 전진하거나 퇴보하거나 둘 중 하나다.

◇·◇·◇·◇·◇·◇·◇·◇·◇·◇·◇·◇·◇

국가는 누구의 이익을 위해 봉사하는가

지금까지 살펴본 것과 같이 민주주의는 특정한 역사적·문화적 배경에서 특정한 사회적·정치적·경제적 투쟁의 결과로 등장했다. 그러나 모든 문화와 사회의 근저에 민주주의를 향한 보편적인 열망이 있다는 납득할 만한 증거는 그 어디에도 없다. 따라서 민주주의가 인간 본성에 따른 자연스러운 결과라는 미심쩍은 가정 따위는 무시해도 좋을 듯하다.

민주주의를 향한 열망은 정치 이론이 아니라 다수의 실질적인 필요 때문에 생겨난다. 그중에서도 국민 다수의 삶을 다양한 방법으로 향상시키기 위한 정치 운동의 성공을 통해 민주주의는 거듭 발전을 했다. 또 민주주의는 인간의 권리와 사회 구성원의 행동 규범을 규정해놓은 법을 확립시킨다. 이러한 권리에는 언론의 자유와 집회의 자유가 포함되는데, 이는 국민이 자신이 원하는 정치적 프로그램을 지지하려고 할 때 반드시 전제되어야 할 권리이다.

미사여구를 빼고 핵심만 간추리자면 정치적 프로그램은 상호 연관되어 있기는 하지만 명확히 구분되는 두 가지 입장으로 구분할 수 있다. 우선 가장 일반적이고 장기적인 관점으로 국가가 어떻게 설계되어야 하고 누구의 이익에 봉사해야 하는지에 관한 접근이다. 국가는 추상적인 실체가 아니라 각각의 제도들로 구성된 방대한 복합체이다. 게다가 그러한 제도들은 다양한 목표를 달성하기 위해 오랜 시간에 걸쳐 확립된 것들이다.

수천 년 동안 국가는 폭력적인 수단을 이용해 독점적인 권력을 요구했다. 물론 이런 권력은 결코 성취될 수 없는 이상일 뿐이지만 일부 국가는 다른 국가에 비해 그 이상에 훨씬 근접하기도 했다. 국가는 사회에 이미 존재하는 부의 구도를 보존하기 위해 행동하며 그 과정에서 경찰을 비롯한 치안부대와 법원, 형벌 제도 등이 동원된다. 일례로 인류의 역사를 살펴보면 대부분의 국가에서 사형 제도가 폭넓게 활용되었음을 알 수 있다.

과거에는 재산의 안전과 국민의 신체적 안전, 정권의 안전이 모든 국가의 최우선이었다면, 지난 200년에 걸쳐 이 우선 사항들에 더욱 새로운 목표들이 추가되었다. 예를 들어 19세기 후반 북아메리카와 유럽 대부분 지역에서 정부는 초등 교육, 그리고 나중에는 중등 교육까지 무료로 실시했는데, 이는 교육 수혜자는 물론 전문 인력이 필요했던 고용주에게도 유익한 일이었다.

제2차 세계대전 이후에는 책임 범주가 훨씬 광범위하게 확대되면서 정부는 완전 고용 보장, 쾌적한 노동 환경 조성, 고용주가 피고용인에게 요구할 수 있는 노동시간 제한 등과 같은 일을 떠맡았다. 또 법 제정을 통해 노동자에게 최저 임금을 보장해주어야 했다. 그 과정에서 정부 지출은 천정부지로 치솟았다. 고용보험, 의료 서비스, 일할 수 없는 사람들을 위한 보조금, 고령 인구를 위한 연금, 고등 교육에 소요되는 비용 지원 등에 많은 예산을 쏟아부었기 때문이다.

오늘날 국가는 이런 지출 이외에도 기간산업에 막대한 자금을 투자한다. 이는 민간 부문에 더할 나위 없이 중요할 뿐만 아니라 타국의 경쟁업체에 대적할 경쟁력을 강화하는 데도 필수적이다. 또 감세와 직접적인 보조금, 기업의 수출 신장이나 숙련 노동자 확보를 위한 서비스 제공 등과 같은 기업 지원 프로그램에 막대한 자금을 투자하고 있다.

우리가 당면한 관점에서 볼 때 민주주의 국가에서의 정치 투쟁은 주로 국가의 어떤 기능이 강화되고 축소되어야 하는지와 관련되어 있다. 우익 정당은 감세, 특히 투자자인 고소득자를 위한 감세를 지지하며 국가의 사회적 비용을 줄여야 한다고 주장한다. 또 최저 임금 인상과 최장 노동시간 단축 등에 관한 법 제정을 반대한다. 예를 들어 프랑스 우익 정당은 사회당 정부가

2000년에 최장 노동시간을 주당 35시간으로 규제했을 때 강력하게 반발했다. 우익 정당은 또 기업 비용이 증가한다는 이유로 엄격한 환경 정책을 못마땅하게 생각한다. 그리고 경제의 '유연성'을 높이기 위해서는 법제화된 고용 보장 기준을 축소해야 한다고 주장한다. 일례로 그들은 고용 계약이 만료된 노동자에게 기업이 퇴직금을 지불해야 하는 기간을 축소시켜야 한다고 요구한다.

반면 좌익 정당은 이러한 사안들에 대해서 정반대의 입장을 취한다. 그들은 보조금과 육아 지원과 같은 사회복지 프로그램에 정부 지출을 더 늘려야 하며 최저 임금은 인상하고 주당 최장 노동시간은 단축해야 한다고 주장한다. 또 환경법은 더 엄격해야 하며 기업과 고소득자에게 감세 혜택을 주어서는 안 된다고 주장한다. 물론 사회기반시설 프로그램을 위한 정부 지출에 대해서는 우익 정당과 좌익 정당의 의견이 서로 일치할 때도 있다.

우익과 좌익 정당 간의 이러한 상반된 논쟁은 국가가 누구의 이익을 위해 봉사해야 하는지에 관한 문제로 귀착되는데, 대부분의 경우 사회 계급의 단층선을 따라 논쟁이 진행된다. 구체적으로 살펴보면, 우익 정당은 민간 부문과 투자자의 이익을 증대시키고자 하는 반면에 좌익 정당은 임금 및 봉급생활자의 이익을 옹호한다.

✿ 자신의 이익과 상반된 투표를 하는 이유

한 세기가 넘도록 정치 분석가들의 입에 자주 오르내리는 문제가 하나 있다. 바로 왜 많은 유권자들이 '자신의 이익과 상반되게 투표를 하는지'에 관한 것이다. 더 정확히 말하면, 빈곤에 시달리는 사람들뿐만 아니라 임금 및 봉급 생활자들 상당수가 공공연하게 부유층을 대변하는 정당에 투표를 하는데 그 이유는 무엇 때문일까?

19세기 중반 많은 정치인들과 작가들이 부유층의 미래를 걱정했다. 모든 남성에게 투표권을 부여하게 되면 투표로 선출된 정부는 필연적으로 다수 빈곤층을 대신해 소수에게 집중된 부를 몰수할 것이라고 생각한 것이다.

그러나 그런 일은 일어나지 않았다. 수많은 국가에서 사회민주당과 사회당이 번갈아가며 정권을 잡았지만 민주적으로 선출된 정부 중에서 부유층의 부를 나머지 국민 다수에게 재분배한 경우는 거의 없었다. 모든 남성, 종국에는 모든 여성에게 참정권이 부여되었음에도 투표권이 부유층과 대기업의 본질적인 이해관계에 별다른 위협이 되지 못했다. 도대체 무엇 때문일까?

많은 노동자들이 보수적인 정당을 지지한 데에는 여러 가지 요인이 있다. 우선 민족, 인종, 종교, 국가, 지역 등과 관련된 적대감 때문인데 이는 노동자 계급을 끊임없이 분열시켜왔다. 둘째, 실업자에 적대적인 취업자와 복지혜택의 수혜자가 느끼는 분노, 그리고 고용안정이 보장된 공무원에 대한 민간 부문 노동자의 시기심 때문이다. 셋째, 노동조합원으로서 혜택을 누리지 못하는 사람들이 이러한 혜택을 불공평하다고 느끼기 때문이다. 그리고 마지막으로 기존 사회의 권력자들이 자신의 권력을 이용해 국민 다수를 설득하기 때문이다. 다소 적더라도 기존 체제 내에서 누리는 그들의 몫이 평등 사회를 지향하는 투쟁을 통해 얻게 될 몫보다 훨씬 낫다고 말이다.

민주주의의 원동력은 아래로부터 시작된다

유권자들은 각 사안을 계급적 측면에서만 생각하지 않는다. 그러다 보니 정당의 정책이 자신이 속한 계급의 이익과 상반되더라도 그 정당에 투표하는 일이 종종 발생한다. 게다가 정치 지도자들이 정당의 정책과 장기적인 국가관에 온갖 치장을 다하는데, 여기에는 주로 자국의 전통을 구현하는 언어와 과거의 정치적 갈등에 대한 미사여구 등이 동원된다.

철학자와 정치이론가는 민주주의의 본질을 논의하지만 정당은 그들이 대변하는 계급의 이익을 위해 싸운다. 이러한 계급적 관점은 민주주의에서 가장 핵심이 되는 논쟁거리다. 사실 민주적 과제의 정중앙에는 항상 의혹을 불러일으키는 전제가 있는데, 바로 모든 개인이 본질적으로 평등하다는 것이다. 사실 평등이란 개념이 사라지면 민주주의란 개념도 사라지게 될 것이다. 그런데 오늘날 개개인이 직면한 조건은 부, 소득, 주변 환경 등의 측면에서 볼 때 모두 제각각이기 때문에 평등이란 이상은 위험에 처해 있다.

역사와 현실을 살펴보면 어느 사회에서든 부자와 특권층은 평등이란 개념에 최소한의 애착도 없음을 알 수 있다. 누구든 일단 상류층에 합류해서 자신의 지위를 보장받으면 기꺼이 사다리를 치우는 아량을 베푼다. 그들 밑에 있는 사람들이 그들의 자리를 넘보지 못하게 말이다. 그들의 특권이 보장되고 이를 또 자

손에게 물려줄 수 있는 세상이 그대로 보존되길 원한다.

따라서 평등의 불꽃과 그로 인한 민주주의 불꽃은 상류층에 속하지 못한 국민 대다수의 힘으로 계속 불타올라야 한다는 사실을 받아들여야 한다. 평등과 민주주의의 원동력은 위로부터가 아니라 아래로부터 시작된다.

이러한 관점에서 볼 때, 민주주의의 미래는 어떤 모습인가? 선진기술에 의존하는 세계화 시대에 소수 강대국이 그 외의 모든 국가를 결합한 것보다 군사적·경제적·정치적·문화적으로 더 막강한 힘을 발휘하고 있는 실정에서 과연 무엇을 어떻게 해야 하는가?

민주주의의 미래는 과거에도 그랬던 것처럼 앞으로 일어날 사회 투쟁에 달려 있다. 민주주의는 결코 정지 상태에 있지 않을 뿐더러 과거의 영광스런 기념물도 호소력 있는 선언문도 아니다. 민주주의는 전진하거나 퇴보하거나 둘 중 하나이다. 그렇기 때문에 민주주의 옹호자들은 그들의 입장이나 명분을 주장하는 것을 결코 멈춰서는 안 된다.

민주주의를 위협하는 문제들

역설적이게도 민주주의, 그리고 민주주의가 발전할 기회를 가로막는 방해물은 동일한 사안에 내재되어 있는 모순된 측면 때문에 발생한다. 이러한 사안 중 일부는 민주주의의 성공을 좌지우지할 수 있을 만큼 중요한 문제들이다. 우선 국가 내부에서뿐만 아니라 선진국과 그 나머지 국가들 사이에 존재하는 빈부 격차의 문제가 그렇다. 또 국민 전체에게 제공되는 양질의 교육 기회, 보편적인 의료 서비스, 고용 기회와 고용 보장 등도 그렇다. 그 외에 민족, 인종, 성, 성 지향성, 종교 등에 기초한 차별 반대 투쟁, 전쟁 억제와 치명적인 무기 확산 방지에 관한 문제, 빈곤국 국민이 더 나은 삶을 찾아 이주할 수 있게 국경을 개방하는 문제, 다른 종을 고의적으로 멸종시키는 것을 막는 일 등과 관련된 환경보호 문제 등이 모두 이러한 사안에 포함된다.

이러한 문제들은 민주주의자들에게 자국의 전통 중에서도 최상의 것을 활용할 것은 물론, 국경을 초월한 민주적 문화를 확립할 것을 요구한다. 그러나 동시에 민주주의의 발전을 가로막는 결정적인 장애물을 제공하기도 한다. 그 이유는 매우 단순하다. 반대 급부로 특권을 지닌 계급과 국가, 그리고 문화의 이익을 보호하려는 자들의 반응을 불러오기 때문이다. 또 그렇게 하기 위해서 국민 대다수, 혹은 인류 대다수를 배제시키고 주변화하려는 움직임도 동시에 일어난다.

역사를 돌이켜보면 극단적인 권위주의적 정치 운동은 수백만 명의 사람들을 자극해서 결집시킬 수 있다는 사실을 확인할 수 있다. 그것도 국가의 근본적인 문제를 해결하기 위해 민주주의와 모순되는 정책을 표방했는데도 말이다. 1930년대 파시스트와 나치의 사례만 보더라도 민주주의자가 머뭇거리느라 대규모 실업과 빈곤 같은 급박한 문제를 제대로 해결하지 못했을 때, 다른 정치 세력이 그 틈을 적극 활용하여 민주주의를 무너뜨릴 수 있음을 알 수 있다. 게다가 권위주의자는 그 해결책으로 단순히 민주적 권리만을 폐기하는 것이 아니라 수천 명을 투옥하기도 하고 심지어 수백만 명을 거리낌 없이 살해하기도 한다.

민주주의의 활력은 민주주의를 옹호하는 정당과 운동이 어떤 식으로 당면한 난제를 처리하는지에 달려 있다. 이러한 난제는 세상을 괴롭히는 사회, 경제, 환경 문제에만 국한되지 않는다. 이러한 사안을 이용해서 증오와 희생에 기초한 거짓 해결책을 확산시키려는 편협한 정치 운동에도 잘 대처해야 한다. 일례로 반이민 정서와 종교적 근본주의의 형태를 띤 증오의 벽이 갈수록 높아지고 있음을 사방에서 쉽게 발견할 수 있는데, 이를 어떻게 해결하느냐에 따라 민주주의의 활력이 되살아날 수도 그렇지 않을 수도 있다.

유럽과 북아메리카의 경우, 지난 25년 동안 온갖 색깔을 덧입은 민주 정당들은 빈부 격차 문제를 전혀 해결하지 못하고 있다. 그 결과 거대한 부를 차지한 소수 집단과 선진국 국민의 대다수, 그리고 나아가 인류 전체와의 빈부 격차는 갈수록 벌어지고 있다. 시장 주도형 세계 경제가 갈수록 극심한 불평등을 양산하고 있음에도 독일 기독민주당 같은 중도 우익 정당은 물론 미국 민주당과 프랑스 사회당에 이르기까지 그 누구도 이를 막지 못했다.

1929년에 시작된 대공황 이래로 가장 혹독한 금융 위기가 전 세계를 휩쓸면서 불평등 문제를 비롯한 각종 문제들이 2008년 9월과 10월에 표면화되었다. 금융기관들은 파산을 선언했고 주식시장은 와해되었으며 채권시장은 얼어붙었다. 이에 각국 정부는 은행을 비롯한 금융기관에 수천억 달러에 달하는 구제 금융을 지원하지 않을 수 없게 되었다. 특히 영국과 같은 경우에는 정부가 은행을 국영화하는 사태까지 벌어졌다. 세계가 지난 30년 동안 알았던 시장 체제는 혼돈 속에 붕괴되었다. 각국 정부들은 그들이 합심해서 광범위하게 시장에 개입하면 경제를 다시 살릴 수 있을 거라고 생각했다. 그러나 이러한 일련의 과정을 지켜본 각국 국민은 자국의 경제 및 정치 지도자들에게 배반을 당했다고 결론지어 전 세계에는 분노와 걱정이 만연하게 되었다.

더 나은 삶을 살 수 있는 기회가 차단되었다고 느끼는 사람들의 분노는 민주주의가 발전할 수 있는 길을 터줄 수 있다. 그러나 동시에 일부 민족이나 종교 집단이 세계를 좌지우지하고 있다는 거짓말을 확산시키는 세력에게 좋은 먹잇감을 제공할 수도 있다.

오늘날 세계는 일부 사람들을 주변화하려는 새로운 이론들로 가득하다. 유럽에서는 이슬람 이민자와 그 후손들에 대한 공포심을, 미국에서는 라틴아메리카 이민자에 대한 공포심을 양산하고 있다. 또 종교적 근본주의자들은 현 사회의 병폐를 타종교를 믿는 사람들에게 전가하느라 바쁘다. 프랑스인에게는 이민자가 그들의 일자리를 빼앗고 있다고 속삭이고, 미국의 중산층에게는 갓 정착한 사람들 때문에 그들의 지위가 위태로워졌다고 속삭인다. 그리고 신이 특정한 신념을 가진 사람들을 위해 별도로 신성한 계획을 세워놓았으므로 다른 종교의 유혹에 넘어가면 안 된다고 속삭이기도 한다.

민주주의는 이런 고질적인 방해물들에 가로막혀 있을 뿐만 아니라 세계 곳곳에서 쇠퇴하고 있는 실정이다. 그러나 이런 위기 속에서 최근 민주주의의 대의를 내세운 운동들이 일어나고 있다. 물론 민주주의를 위협하는 요인들을 과소평가해서는 안 되지만 민주주의를 옹호하고 확대하려는 세력 또한 무시해서는 안 된다. 진보주의자, 사회 민주주의자, 사회주의자, 인도주의자, 환경론자, 비근본주의적 종교인, 여성인권운동가, 노동조합원, 시민운동가, 빈곤퇴치운동가, 학생, 작가 등 광범위한 영역에서 새로운 유형의 지구 정치가들이 등장하고 있다. 이러한 지구 정치는 필연적으로 다양하고 다원주의적이며 민주적이다. 또 철학적으로 고대에 그 기원을 두고 있다. 그리고 각국의 문화와 조건에서 생성되기 때문에 국가마다 그 형태가 다르다.

민주주의 발전을 위해 무엇을 해야 하는가

민주주의자는 무엇보다도 민주주의가 지역과 국가 차원에서 활기를 되찾을 수 있게 노력해야 한다. 또 전 세계 사람들 모두에게 이로운 프로그램을 제시할 수 있어야 한다. 다시 말해서 민주주의자의 관점은 전 지구적이여야 한다는 것이다. 국가로부터 권력을 빼앗은 기업의 의제와 달리 민주적 의제는 실질적인 권력을 국가에 되돌려줄 필요가 있으며, 국가는 그 권력으로 사회제도를 마련하고 자국의 경제를 통제해야 하며 지구상에서 자국에 주어진 몫을 챙기기 위해 노력해야 한다.

이러한 의제가 역설과 모순으로 가득한 것처럼 보이는가? 사실 그렇다. 그것은 세계화가 진행된 30년 동안 추진해왔던 글로벌 의제와는 상당 부분 정반대이다. 물론 세계화로 말미암아 전 세계는 개인이든 국가든 서로 더 긴밀한 관계를 형성할 수 있었다. 그러나 문제는 그런 관계들이 소수의 권력을 극대화하는 일에 역점을 두었다는 사실이다. 이는 결국 세계화가 광범위한 영역에서 수많은 사람의 희생을 요구했음을 의미한다. 결론적으로 세계화는 민주주의의 마비를 초래했다.

세계화 지지자들은 세계화가 국경을 개방하고 국가 권력을 약화시켰다고 주장한다. 그러나 따지고 보면 사람이 아니라 자본이 어디든 흘러갈 수 있게 국경을 개방한 것뿐이다. 또 각국 정부의 권력을 약화시켰지만 그와 동시에 미국을 비롯한 소수 강대국의 권력을 극대화시키기도 했다. 결국 세계화로 말미암아 전 세계의 사회와 경제가 소수 강대국의 손에 넘어가게 된 것이다.

이러한 사실을 입증하는 적절한 사례가 바로 절망적인 사람들의 곤궁한 현실이다. 예를 들어 아프리카인들은 잘사는 나라에 가면 가족들과 함께 먹고살 걱정은 없을 것이라는 희망을 안고 부서지기 직전의 배를 타고 유럽으로 향한다. 그러나 대부분은 항해 도중 목숨을 잃기 일쑤이다.

수만 명에 달하는 멕시코인들 또한 갈수록 보강되는 국경 수비대를 피해 미국으로 가려고 매년 목숨을 건 모험을 한다. 그러나 운 좋게 성공하더라도 그들을 기다리고 있는 것은 저임금을 비롯한 열악한 노동 조건뿐이다. 게다가 정치인들은 온갖 수사학을 동원해 그들을 파리아, 즉 천민과 다름없는 신분으로 떨어뜨린다.

만일 이러한 불법 이민자가 없다면 미국 경제는 심한 압박에 시달릴 것이 분명하다. 그런데도 우익 정치인들은 불법 이민 노동자와 그들의 자녀에게 사회적·교육적 혜택을 제공하기를 거부한다. 실제 선진국들은 이러한 경제적 피난민이 자국에 들어오는 것을 막기 위해 국경 수비를 점점 강화하고 있는 실정이다.

선진국의 장벽이 높아지면서 비참하고 가난한 사람들은 갈 곳을 잃고 방황하는 반면, 부유한 특권 계급은 세상이 마치 자기 놀이터인양 활보하고 다닌다. 물론 위험 지역은 빼고 말이다.

예를 들어 그들은 폴란드나 체코 출신의 입주 가정부와 집사를 고용해 런던 중심부에 있는 초호화 거처를 관리하도록 한다. 그리고 방학을 맞아 자녀가 유명 사립학교에서 돌아오면 남아프리카공화국이나 인도, 발리, 바레인 등으로 휴가를 가서 호화스러운 생활을 만끽한다. 다시 말해 부유한 사람들은 어디든 여행할 수 있지만 그 여행지에서 사는 가난한 사람들은 더 넓은 세상으로 나갈 길이 완벽히 차단되어 있는 것이다.

민주주의는 무엇보다도 이러한 충격적인 불평등을 해결하는 데 역점을 두어야 한다. 불평등 문제가 제대로 해결되지 않으면 다른 성과물들도 무용지물이 되기 때문이다. 전 세계에 만연한 불평등을 해소하려면 18세기에 봇물을 이루었던 민주주의 대혁명에 못지않은 창의적인 에너지가 필요하다. 우선 국가 간의 불평등은 물론 자국 내 불평등을 해소하기 위해 권력이 국가로 환

원되어야 한다. 그리고 이러한 권력 이동은 국민 다수의 민주적
에너지를 결집시킴으로써만 가능하다.

민주주의는 희망에서 출발한다

국민 다수를 결집시킬 사안을 모색하는 일은 결코 어렵지 않다.
일례로 선진국의 임금 및 봉급 생활자만 하더라도 경제적으로
제자리걸음을 하고 있다. 이는 그들의 생활수준이 평균적으로
지난 수십 년 동안 나아진 것이 없음을 뜻한다. 아니, 오히려 주
택을 구매하느라, 혹은 자녀를 수업료가 비싼 고등 교육기관에
보내느라 점점 빚만 늘어나고 있다. 결국 그동안 경제적으로 막
대한 이득을 챙긴 사람은 소수 특권층들뿐이다. 이 과정에서 임
금 및 봉급 생활자는 미국 혁명과 프랑스 혁명 이전의 귀족 사회
에서나 가능할 법한 불평등이 등장하고 있음을 깨닫는다.

경제 강국의 키를 쥔 소수 특권층은 '유연성'이란 개념을 홍보
하느라 바쁘다. 시장 논리에 입각해 자본의 투자와 기업의 입지
는 어디가 되었든 가장 효과적인 곳으로 이동해야 한다고 주장
한다. 이러한 관점을 대변하는 유명 주간지가 바로 영국의 〈이
코노미스트〉이다. 2007년 1월 20일에 〈이코노미스트〉는 "오늘날
세계 자본주의는 더없는 영광의 나날을 보내고 있다. 우리는 계
층 이동이 가능한 사회가 평등한 사회보다 낫다고 오랫동안 주

장했다"라고 선언했다.

물론 〈이코노미스트〉의 관점을 지지하는 사람들은 완강히 부정하겠지만, 오늘날 불평등은 극단으로 치닫고 있기 때문에 민주주의와 공존하기가 힘든 실정이다. 그렇다고 경제적 주권의 상당 부분을 국가로 환원하고 각국의 경제적 장벽을 높이 쌓아야 한다는 뜻은 아니다. 이러한 방법은 현 시대에는 바람직하지도 가능하지도 않다. 대신 자본의 통제권을 전례 없이 비대해진 기존의 금융지주회사로부터 지역, 주, 국가 지주회사로 전환시켜야 한다.

도대체 이것이 민주주의의 미래와 무슨 연관이 있는지 의아해하는 사람도 있을 것이다. 그러나 민주주의의 미래와 분명 관계가 있다. 프랑스가 1789년에 대토지를 분할해서 소작농에게 재분배함으로써 민주주의의 미래를 확립했듯이 말이다.

장기적인 관점에서 볼 때, 생동하는 민주주의는 사적으로 통제되는 대규모 자본 풀이 존재하는 한 불가능하다. 그런 세상에서는 사람이 아니라 달러와 유로가 훨씬 가치가 있기 때문이다.

자본 풀을 지역, 주, 국가 차원의 지주회사로 전환시키는 것, 그리고 자본과 직장의 통제를 모두 민주화하는 것은 민주주의의 미래를 확립하는 데 있어 매우 중요하다. 물론 이러한 조치와 병행해서 부국과 빈곤국 간의 공정한 관계를 확립하기란 결코 쉬운 일이 아니다.

예를 들어 자본 풀이 성공적으로 국가에게 전환되었다고 가정해보자. 이럴 경우 유리한 고지를 점령한 국가들은 그들에게 보장된 특권을 이용해 빈곤국보다 자국을 위해 더 많은 이득을 챙기려 하지 않을까? 단도직입적으로 말하면 물론 그렇다. 그러나 자본 풀이 지역, 주, 국가 지주회사로 전환된 세계에서는 권력이 더 효과적으로, 그리고 균형 있게 이동할 것이다. 부국과 빈곤국을 모두 포함한 새로운 민주적 정치 연합으로 말이다. 또 지역과 국가, 그리고 전 세계가 더 평등하게 발전할 수 있고 지속가능한 환경 정책에 헌신할 수 있는 새로운 정치가 등장할 수도 있을 것이다.

물론 이것은 희망이다. 그러나 현실에 뿌리를 둔 희망이다. 늘 그래왔듯이 민주주의는 희망에서 출발한다.

완벽한 민주주의 국가는 없다

고대 그리스인은 민주정치를 일인 지도자가 통치하는 독재정치, 세습 왕이 통치하는 군주정치, 특권 귀족계급이 통치하는 귀족정치, 소수 권력자가 통치하는 과두정치, 재력가가 통치하는 금권정치 등과 구별했다. 그러나 이러한 통치 체제 중 어느 하나를 완벽하게 구현한 사회나 국가는 사실상 찾기 힘들다.

21세기 초에 들어서면서 돈은 정치에서 더할 나위 없이 중요한 역할을 담당했다. 2008년 미국 대통령 선거만 하더라도 10억 달러에 달하는 비용이 소요되면서 미국 역사상 가장 비용이 많이 든 선거로 기록되었다. 이처럼 미국 정치에서 돈의 역할이 커지는 것은 미국이란 국가가 민주주의에만 기초해서 통치되는 것이 아님을 보여준다. 다시 말해서 과두정치의 여러 면모를 보여주는 정치 세력뿐만 아니라 금권정치에도 휘둘리고 있는 것이다.

그 외의 많은 국가에서도 다양한 통치 형태의 특징을 찾아볼 수 있다. 예를 들어 나치 독일은 세계 역사상 가장 극단적인 형태의 독재정치를 시행했다. 그러나 나치 독일조차도 독재정치를 완벽하게 구현하지는 못했다. 아돌프 히틀러라는 최고 권력자와는 별도로 하위 통치자들이 강력한 권력으로 과두정치를 실행하면서 서로 격렬하게 경쟁했던 것이다. 이들은 군사, 산업, 국가 등의 영속적인 부문에서 부가적인 권력을 쟁취하고 최고 권력자의 호의를 얻기 위해 싸웠다.

영국의 경우에는 민주주의와 별도로 귀족정치와 금권정치, 그리고 과두정치 등의 요소들이 통치 체제에서 매우 중요한 역할을 담당했다. 사실 영국 유권자들은 20세기까지 세습적인 상원과 권력을 공유해야 했다.

물론 상원의 권력은 1911년에 통과된 의회법과 그 후 계속된 개혁으로 꾸준히 축소되었지만 여전히 귀족은 상당한 정치적·사회적 권력을 갖고 있다. 그들이 권력을 유지하는 데에는 옥스퍼드와 캠브리지 등과 같은 엘리트 대학교와 부유층 자녀들이 다니는 사립학교가 일정 역할을 했다. 수상을 비롯해 영국의 고위 정치인들 중 상당수가 이러한 학교의 졸업생들이었음이 이를 입증한다.

결국 21세기 초에 와서도 영국의 정치 체제는 민주주의 세력뿐만 아니라 귀족 계급, 그리고 소수의 강력한 과두적 정치 세력이 영향력을 행사하는 중첩된 모습을 보이고 있다.

민주주의 연대표 (세계)

기원전 5세기	아테네 시민 중에서 18세 이상의 남성이 법 제정과 정책 결정 과정에 참여함
기원전 4세기	로마에서 귀족이 아닌 평민도 집정관을 비롯한 고위 관료를 선출할 권리를 획득함
1776년	미국의 대륙의회가 독립선언서를 채택하고 영국으로부터 독립을 선언함
1783년	영국과 미국이 '파리조약Treaty of Paris'을 체결함으로써 미국이 독립 국가가 됨
1787년	필라델피아에서 헌법제정회의가 헌법 초안을 작성함. 이 헌법이 발효됨과 동시에 1781년에 채택된 미국 최초의 헌법 연합규약을 대신하게 됨
1789년	프랑스 혁명 발발. 프랑스 국민의회는 귀족의 토지 소유권을 폐지하고 그 토지를 경작자인 농노에게 양도함. 또 '인간과 시민의 권리 선언'을 채택했는데, 이는 1948년에 유엔에서 통과된 세계인권선언의 토대가 됨
1792년	영국의 작가 겸 여성인권운동가 메리 울스턴크래프트가 《여성의 권리 옹호A Vindication of the Rights of Woman》를 출간함. 이 책에서 울스턴크래프트는 여성이 완전한 정치적 권리를 부여받아야 한다고 주장함
1807년	라틴아메리카에서 스페인 식민 통치에 반발한 독립전쟁이 일어남. 이 독립전쟁은 수십 년 동안 계속됨
1863년	남북전쟁 당시 미연방 정부가 '노예해방선언'을 발표함. 이 포고령에서 반란 상태에 있는 주에 거주하는 모든 노예는 이제, 그리고 앞으로도 영원히 자유라고 선언함
1865년	미국에서 수정헌법 제13조가 발효됨으로써 노예제가 위헌이 됨
1870년	미국에서 수정헌법 제15조가 발효됨으로써 모든 미국 시민은 인종에 관계없이 투표권을 행사할 수 있게 됨

1913년	노르웨이 여성이 투표권을 획득함
1919년	캐나다 여성이 연방 선거 투표권을 획득함
1920년	미국에서 여성의 참정권을 인정하는 수정헌법 제19조가 발효됨
1929년	대영제국의 최고법원이었던 런던의 추밀원 사법위원회는 영국령 북아메리카 조례에 따라 여성은 '사람들'이며 따라서 상원에 임명될 자격이 있다고 판결함
1930년	마하트마 간디가 단디로의 소금행진을 주도함으로써 영국의 식민통치에 저항하는 인도인을 결집시킴
1946년	일본에서 민주주의에 기초한 전후 헌법을 공포함
1948년	파리에서 열린 유엔 총회에서 세계인권선언을 채택함
1949년	독일연방공화국이 수립되고 전 세계에서 폭넓게 관심을 받은 비례대표제를 실시함
1951년	일본에 대한 미국과 연합국과의 평화조약이 발효됨으로써 일본이 주권을 회복함
1989년	베를린 장벽이 붕괴됨. 그 후 2년에 걸쳐 소련의 지원을 받던 동유럽 공산정권뿐만 아니라 소련이 와해되었고 대부분이 민주주의를 표방하는 정권으로 대체됨
1990년	칠레에서 아우구스토 피노체트 장군이 민간에 정권을 이양함으로써 민주주의가 회복됨. 아프리카민족회의의 지도자 넬슨 만델라가 석방됨. 만델라가 석방되기 며칠 전에 당시 남아프리카공화국 대통령이었던 프레데릭 드 클레르크가 아프리카민족회의에 대한 금지령을 해제함
1994년	넬슨 만델라는 흑인, 혼혈인, 아시아인, 백인 유권자가 모두 참여한 선거에서 승리함으로써 남아프리카공화국 대통령으로 취임함
2005년	볼리비아에서 농부 출신의 에보 모랄레스가 원주민으로는 처음으로 대통령에 당선됨
2008년	미국에서 버락 오바마가 아프리카계 미국인으로는 처음으로 대통령에 당선됨

대한민국 민주주의 연대표

1945년 8월 15일	일제 식민지 통치로부터 해방
1948년 5월 10일	남한에서 역사상 최초의 국회의원 선거가 실시됨
1948년 8월 15일	남한 단독 정부인 '대한민국 정부' 수립
1948년 9월 9일	북한 단독으로 '조선민주주의인민공화국' 수립
1950년 6월 25일	남한과 북한 간의 한국 전쟁 발발
1953년 7월 27일	국제연합군, 북한인민군, 중공인민지원군 사이에 한국 전쟁의 정전 협정이 체결됨
1948~1960년	제1공화국 이승만 독재 정권 집권
1952년	발췌개헌안 통과
1954년	사사오입 개헌안 통과
1960년 3월 15일	제4대 대통령 선거에서 부정한 방법으로 이승만 대통령 재집권 시도
1960년	4·19 혁명. 이승만과 자유당 정권의 12년 장기집권을 종식시키고 제2공화국 출범을 가져온 역사적 전환점
1960년 8월 23일	제2공화국 출범
1961년 5월 16일	5·16 군사쿠데타
1963년	제3공화국 출범
1965년 6월 22일	한일협정 조인
1970년 11월 13일	청계천 평화시장 노동자 전태일 분신
1972년 10월 17일	유신헌법 공고
1972년 12월 23일	통일주체국민회의에서 단 하나의 반대표도 없이 제8대 박정희 대통령 당선
1974년 1월 8일	긴급조치 1호 선포
1975년 4월 8일	국가전복 기도 혐의로 조작된 인민혁명당사건 선고공판
1979년 8월 11일	제1야당 신민당사에서 폐업 철회를 요구하는 YH 무역 여공 농성

1979년 10월 16일	부산에서 독재에 항거하는 대규모 유신반대 시위로 부마민주 항쟁의 도화선 발발
1979년 10월 26일	10·26 사태. 중앙정보부장 김재규에 의해 박정희 대통령 피살
1979년 10월 26일 ~ 1980년 5월 17일	18년 군사정권이 막을 내린 후 학교 내 경찰 철수, 민주인사 석방 등 '서울의 봄'의 시기
1979년 12월 12일	12·12 신군부 쿠데타
1980년 5월 17일	신군부에 의한 비상계엄령 확대 및 민주인사 연행
1980년 5월 18일	광주민주화 운동
1980년 5월 31일	국가보위비상대책위원회를 설치하여 사회정화작업 시작
1980년 11월 14일	건전한 언론 풍토 조성이라는 명목으로 언론통폐합 단행
1985년 5월	서울 미문화원 점거 사건 발생
1987년 1월 14일	박종철 고문치사사건으로 고문정권 규탄 및 대통령 직선제 개헌 요구
1987년 4월 13일	직선제 개헌을 거부하고 현행 헌법을 고수한다는 전두환 대통령의 '호헌조치' 발표
1987년 6월 9일	호헌 철폐 시위 도중 이한열 최루탄 피격
1987년 6월 10일	6월 민주 항쟁
1987년 6월 29일	민주와 화해를 위한 시국수습특별선언(6·29 선언)
1987년 7~9월	노동자 대투쟁
1988년 2월 25일	제6공화국 출범
1988년 9~20월	서울 올림픽 개최
1989년 3월 25일	문익환 목사 북한 방문
1989년 6월 30일	전대협 대표 임수경 북한 방문
2000년 6월 15일	김대중 대통령 방북, 제1차 남북정상회담 개최
2007년 10월 3일	노무현 대통령 방북, 제2차 남북정상회담 개최

참고 문헌

1장

- 장 자크 루소, 《사회계약론과 담론The Social Contract and Discourses》, 락포트, 일리노이즈, BN 출판, 2007

2장

- 사뮤엘 엘리엇 모리슨, 헨리 스틸 코메이저, 《미국의 발전The Growth of the American Republic vol. 1》, 뉴욕, 옥스퍼드 유니버시티 프레스, 1962
- 모리슨과 코메이저, 《미국의 발전The Growth of the American Republic》, 274~294쪽
- 조르쥬 르페브르, 티모시 태킷, 로버트 로스웰 팔머, 《프랑스 혁명의 도래The Coming of the French Revolution》, 프린스턴, 프린스턴 클래식 에디션, 2005
- 조르쥬 르페브르, 《프랑스 혁명, 1793년에서 1799년까지The French Revolution from 1793 to 1799》, 뉴욕, 콜롬비아 유니버시티 프레스, 1964

3장

- 엘리너 플렉스너, 《투쟁의 세기:미국의 여성인권운동Century of Struggle: The

Woman's Rights Movement in the United States》, 보스턴, 하버드, 1959

• 헨리 데이비드 소로, 〈시민불복종〉, http://thoreau.eserver.org/civil.html.

• 로버트 샤프, 패트리샤 맥마흔,《사람들 소송: 법적 인간을 위한 투쟁의 기원과 유산The Persons Case: The Origins and Legacy of the Fight for Legal Personhood》, 토론토, 유니버시티 오브 토론토 프레스, 2007

• 멜라니 필립스,《여성의 진보: 참정권 운동의 역사The Ascent of Woman:A History of the Suffragette Movement》, 런던, 리틀, 브라운, 2003

• 그렉 허렐, 〈헨리크 입센, 프레데리카 브레머, 마리 미슐레, 그리고 노르웨이의 여성해방 운동Henrik Ibsen, Frederika Bremer, Marie Michelet and the Emancipation of Women in Norway〉, 셀시어스 센터 포 스칸디나비안 스터디스, 제2권, 1998

• 앨런 구엘조,《링컨의 노예 해방 선언: 미국의 노예제 폐지Lincoln's Emancipation Proclamation: The End of Slavery in America》, 뉴욕, 사이먼 앤 슈스터, 2004

• 제임스 랙서,《아카디아인들: 고국을 찾아서The Acadians:In Search of a Homeland》, 토론토, 더블데이 캐나다, 2006

• 제인 데일리, 글렌다 엘리자베스 길모어, 브라이언트 사이먼 편집,《점핑 짐 크로우: 남북전쟁에서 시민권까지의 남부 정치학Jumpin' Jim Crow:Southern Politics from Civil War to Civil Rights》, 프린스턴, 프린스턴 유니버시티 프레스, 2000

• 리처드 클루거,《단순한 정의: 브라운 대 교육위원회 소송과 미국 흑인의 평등권 투쟁에 관한 역사Simple Justice:The History of Brown v. Board of Education and Black America's Struggle for Equality》, 뉴욕, 랜덤 하우스, 1975

4장

• 하벨,《진리에 살다Living in Truth》, 런던, 파버 앤드 파버, 1987

• 제임스 랙서,《유럽의 재탄생:신흥 세계 권력의 등장Inventing Europe:The Rise of a New World Power》, 토론토, 레스터 퍼블리싱, 1991, 제9장

• 윌리엄 코커햄, 〈러시아와 동유럽의 평균수명 하락에 영향을 미친 사회 결정요인The Social Determinants of the Decline of Life Expectancy in Russia and Eastern

Europe: A Lifestyle Explanation〉, 건강과 사회행동 저널Journal of Health and Social Behavior, Vol. 38, No. 2, 1997년 6월

5장

• 기밀 해제된 미국 중앙정보국의 정보국 리서치 연구, 〈인도네시아-1965년: 역효과를 낳은 쿠데타〉, 1968년, http://newsc.blogspot.com
• 제랄드 캐플란,《아프리카의 배반The Betrayal of Africa》, 토론토, 그라운드 우드 북스, 2008

6장

• 리처드 호프스태터,《미국 정치의 전통The American Political Tradition》, 뉴욕, A.A. 크노프, 1948
• 제임스 랙서,《유럽의 재탄생: 신흥 세계 권력의 등장Inventing Europe:The Rise of a New World Power》, 토론토, 레스터 퍼블리싱, 1991
• 던컨 캐머런, 멜 왓킨스,《캐나다와 북아메리카 자유무역협정Canada Under Free Trade》, 토론토, 제임스 로리머 앤드 컴퍼니, 1993

학생의 교양 시리즈 01

세상을 바꾸는 힘, 민주주의 이야기

초판 1쇄 발행　2011년 2월 3일
개정판 1쇄 발행　2016년 4월 14일

지은이 제임스 랙서
옮긴이 김영희

펴낸곳 (주)행성비
펴낸이 임태주

책임편집 박정화　**디자인** 정혜미　**마케팅** 김솔
기획위원 유재연 이종욱 윤경식 김국현 고근영 이탁렬

출판등록번호 제313-2010-208호
주소 서울시 마포구 토정로 222, 한국출판콘텐츠센터 318호
대표전화 02-326-5913　**팩스** 02-326-5917
이메일 hangseongb@naver.com　**홈페이지** www.planetb.co.kr

ISBN 978-89-97132-86-7(44300)
　　　978-89-97132-85-0(set)

※ 값은 뒤표지에 있습니다. 잘못 만들어진 책은 구입하신 서점에서 교환해 드립니다.
※ 이 도서의 국립중앙도서관 출판시도서목록(CIP)은 e-CIP홈페이지(http://www.nl.go.kr/ecip)에서
　 이용하실 수 있습니다. (CIP제어번호 : CIP2016008697)

《행성B온다는 (주)행성비의 미래 세대를 위한 교양 브랜드입니다.